CULTURA JAPONESA Y PREVENCIÓN DE RIESGOS LABORALES

APRENDE A TRANSFORMAR TU EMPRESA CON LAS ESTRATEGIAS JAPONESAS DE SEGURIDAD LABORAL

Cultura Japonesa y Prevención de Riesgos Laborales

Aprende a Transformar tu Empresa con las Estrategias Japonesas de Seguridad Laboral

JUAN JOSÉ CRESPO RAMOS

DEDICATORIA

Este libro está dedicado a:
A todos aquellos que trabajan incansablemente para crear lugares de trabajo
seguros y saludables: este libro está dedicado a ustedes.

CONTENIDO

AGRADECIMIENTOS

Quiero expresar mi sincero agradecimiento a todas las personas e instituciones que han contribuido de manera significativa a la realización de este libro. Sus esfuerzos y apoyo han sido fundamentales en cada etapa de este proyecto.

En primer lugar, quiero agradecer a los expertos y académicos en seguridad laboral y cultura japonesa que compartieron sus conocimientos y experiencias, proporcionando una base sólida para este libro. Sus valiosas perspectivas han enriquecido enormemente su contenido.

Agradezco a mi familia por su apoyo inquebrantable y comprensión durante el proceso de escritura. Sus palabras de aliento y paciencia infinita han sido un faro de inspiración.

Un agradecimiento especial a mi editor y equipo editorial, cuyo compromiso con la calidad y su dedicación al detalle han ayudado a dar forma a este libro de manera excepcional.

También, quiero reconocer a los lectores y profesionales que encontrarán utilidad en este libro. Espero que las ideas y conceptos aquí presentados les sean de gran valor en su búsqueda de lugares de trabajo más seguros y eficientes.

Finalmente, dedico este libro a todos los trabajadores y líderes comprometidos con la prevención de riesgos laborales. Su dedicación diaria en la promoción de la seguridad y la salud en el trabajo es una inspiración continua.

Gracias a todos por ser parte de este viaje. Su apoyo ha sido fundamental y espero que este libro sea un recurso útil en su búsqueda de la seguridad laboral y la mejora continua.

INTRODUCCIÓN

Bienvenidos a "Cultura Japonesa y Prevención de Riesgos Laborales: Aprende a Transformar tu Empresa con las Estrategias Japonesas de Seguridad Laboral". Este libro es un viaje apasionante hacia el corazón de la cultura japonesa y su profunda influencia en la seguridad laboral. A lo largo de estas páginas, exploraremos cómo las palabras japonesas pueden convertirse en herramientas poderosas para proteger a los trabajadores y optimizar la eficiencia en el lugar de trabajo.

La seguridad laboral es una preocupación global, y la cultura japonesa nos ofrece una perspectiva única sobre cómo abordar este desafío de manera efectiva. En Japón, la seguridad no es simplemente un conjunto de reglas y regulaciones; es una filosofía arraigada en la mejora continua, el compromiso y el respeto por la vida de cada empleado.

Comenzaremos nuestro viaje explorando conceptos fundamentales como el "Kaizen", que significa "mejora continua", y cómo esta filosofía puede aplicarse a la prevención de riesgos laborales. Descubriremos cómo el "Gemba", o la observación directa en el lugar de trabajo, puede ayudarnos a identificar y abordar los riesgos laborales de manera más efectiva.

A medida que avanzamos, exploraremos palabras como "Anzen" (seguridad), "Yoyaku" (reservas), "Seiri" (orden y clasificación), y muchas más, cada una con su propio papel vital en la creación de entornos laborales seguros y saludables.

A través de ejemplos, casos de estudio y recomendaciones prácticas, aprenderemos cómo combinar la riqueza de la cultura japonesa con las mejores prácticas internacionales en seguridad laboral. Descubriremos cómo fomentar una cultura de seguridad, involucrar a todos los miembros de la organización y lograr un equilibrio entre la eficiencia y la prevención de riesgos.

Este libro está diseñado para líderes empresariales, profesionales de seguridad, empleados y cualquiera que esté comprometido con la creación de lugares de trabajo seguros y saludables. Juntos, exploraremos cómo la cultura japonesa puede ser un faro de inspiración en nuestro esfuerzo constante por proteger la vida y el bienestar de quienes trabajan arduamente todos los días.

Así que, sin más preámbulos, adentrémonos en este emocionante viaje y descubramos cómo la cultura japonesa puede transformar la seguridad laboral en su organización y en su vida. ¡Comencemos!

1

CONCEPTOS FUNDAMENTALES DE LA CULTURA JAPONESA

Explorando el Poder de la Prevención de Riesgos Laborales a Través de la Cultura Japonesa

La prevención de riesgos laborales es un tema de importancia universal. En todos los rincones del mundo, las organizaciones y empresas buscan constantemente formas de mantener a sus empleados seguros y protegerlos de lesiones y accidentes en el lugar de trabajo. Sin embargo, no todas las culturas abordan esta cuestión de la misma manera, y una que ha sobresalido por su enfoque metódico y eficaz es la cultura japonesa.

El Japón, con su rica herencia cultural, ha contribuido significativamente al mundo en diversos campos, desde la tecnología y la industria automotriz hasta la filosofía de mejora continua conocida como "Kaizen". En este capítulo, exploraremos los conceptos fundamentales de la cultura japonesa que han tenido un impacto profundo en la prevención de riesgos laborales. Desde el concepto de "Kaizen", que promueve la mejora continua en los procesos y la seguridad laboral, hasta la noción de "Gemba", que destaca la importancia de la observación directa en el lugar de trabajo, descubriremos cómo estos principios japoneses pueden transformar la manera en que abordamos la seguridad laboral en nuestras organizaciones.

Kaizen: La Búsqueda Incansable de la Mejora Continua

Comenzamos nuestro viaje en el capítulo con el concepto de "Kaizen". Este término, que se traduce como "mejora continua", es más que una simple palabra; es una filosofía que ha arraigado profundamente en la cultura japonesa y que se ha convertido en un pilar fundamental de la gestión empresarial y la prevención de riesgos laborales. A través de ejemplos concretos de cómo aplicar el Kaizen en la identificación constante de riesgos potenciales y la implementación de acciones correctoras, exploraremos cómo esta mentalidad puede transformar la seguridad laboral en cualquier entorno de trabajo

Gemba: El Conocimiento del Lugar de Trabajo a Través de la Observación Directa

Continuamos nuestro viaje adentrándonos en el concepto de "Gemba". Esta palabra japonesa, que significa "lugar real" o "lugar verdadero", nos enseña la importancia de estar presentes en el lugar de trabajo y observar directamente las operaciones cotidianas. Al comprender plenamente cómo se desarrollan las actividades diarias, podemos identificar y abordar los riesgos laborales de manera más efectiva. A través de ejemplos y métodos concretos, exploraremos cómo desarrollar una mentalidad de Gemba y fomentar una cultura de seguridad en el lugar de trabajo.

Muda: La Eliminación de Actividades Innecesarias y Riesgos Asociados

El tercer concepto que exploraremos es "Muda", que se traduce como "desperdicio" o "ineficiencia". Muda implica la identificación y eliminación de actividades innecesarias en los procesos de trabajo que pueden aumentar el riesgo de accidentes y lesiones. Veremos cómo identificar y eliminar Muda puede mejorar la seguridad laboral al reducir las actividades que no aportan valor real y que, en cambio, aumentan el riesgo.

Poka-Yoke: La Prevención de Accidentes a Través de Medidas de Error-Proofing

Finalmente, examinaremos el concepto de "Poka-Yoke", que significa "a prueba de errores". Poka-Yoke se centra en la implementación de medidas a prueba de error para prevenir accidentes en el lugar de trabajo. A través de ejemplos específicos, exploraremos cómo estas medidas pueden evitar que ocurran errores humanos o situaciones peligrosas, lo que contribuye significativamente a mejorar la seguridad laboral.

A medida que nos adentremos en cada uno de estos conceptos, descubriremos cómo la cultura japonesa ha desarrollado un enfoque profundo y efectivo para abordar la prevención de riesgos laborales. Al combinar estos principios con las mejores prácticas internacionales en materia de seguridad laboral, podremos transformar la forma en que abordamos la seguridad en nuestros lugares de trabajo y, en última instancia, proteger la salud y el bienestar de nuestros empleados. Desde el corazón de Japón hasta los rincones más remotos del mundo laboral, este capítulo nos guiará en un viaje hacia una cultura de seguridad laboral excepcionalmente efectiva

1.1. Kaizen: Mejora continua en los procesos y la seguridad laboral

El Kaizen, un término japonés que significa "cambio bueno" o "mejora continua", es una filosofía fundamental en la cultura japonesa y se ha convertido en una poderosa herramienta en la prevención de riesgos laborales. Esta metodología se basa en la idea de que se pueden realizar mejoras constantes en los procesos, productos y entornos laborales a través de pequeños cambios incrementales. En el contexto de la seguridad laboral, el Kaizen se convierte en un enfoque esencial para identificar y mitigar los riesgos en el lugar de trabajo.

Identificación constante de riesgos potenciales

Uno de los pilares del Kaizen en la prevención de riesgos laborales es la identificación constante de riesgos potenciales. En lugar de conformarse con prácticas y procesos existentes, las organizaciones que aplican el Kaizen alientan a sus empleados a estar en constante búsqueda de posibles riesgos. Esto puede incluir la revisión regular de procedimientos de trabajo, inspecciones de seguridad y la retroalimentación de los trabajadores.

Un ejemplo concreto de cómo se aplica el Kaizen en la identificación de riesgos potenciales es el uso de "observadores de seguridad". Estos observadores son empleados capacitados para observar de manera proactiva las actividades laborales y señalar cualquier comportamiento o condición que pueda representar un riesgo. Por ejemplo, en una fábrica, un observador de seguridad puede notar que un trabajador no está utilizando el equipo de protección personal de manera adecuada y tomar medidas inmediatas para corregir esta situación.

Implementación de acciones correctoras

Una vez que se identifican los riesgos potenciales, el Kaizen impulsa la implementación de acciones correctoras de manera oportuna y efectiva. Esta es una parte crítica de la filosofía, ya que no basta con reconocer los riesgos, sino que se debe actuar de inmediato para reducir o eliminar esos riesgos. En términos de seguridad laboral, esto podría implicar la revisión y mejora de los procedimientos de trabajo, la modificación de equipos o la capacitación adicional para los empleados.

Un ejemplo práctico de la implementación de acciones correctoras mediante el Kaizen es el siguiente: si se identifica que hay un riesgo de resbalones y caídas en una zona de trabajo debido a superficies resbaladizas, se podría implementar una acción correctora como la instalación de antideslizantes en el suelo o proporcionar calzado antideslizante a los trabajadores.

Casos de estudio destacados de empresas japonesas

Numerosas empresas japonesas han aplicado con éxito el Kaizen en su enfoque de seguridad laboral, obteniendo resultados sobresalientes. Un ejemplo emblemático es Toyota. La compañía automotriz Toyota ha incorporado el Kaizen en todos los aspectos de su producción, incluida la seguridad laboral. Utilizan el enfoque Kaizen para involucrar a todos los empleados en la identificación y resolución de problemas de seguridad. Como resultado, Toyota ha logrado reducir significativamente los accidentes y lesiones en sus fábricas, al tiempo que aumenta la eficiencia y la calidad.

En conclusión, el Kaizen, con su enfoque en la mejora continua, desempeña un papel fundamental en la prevención de riesgos laborales. Al alentar la identificación constante de riesgos potenciales y la implementación de acciones correctoras oportunas, esta filosofía japonesa ayuda a crear entornos laborales más seguros y eficientes. Los ejemplos de empresas como Toyota demuestran que el Kaizen no solo es una teoría, sino una práctica efectiva que puede transformar la seguridad laboral en organizaciones de todo el mundo.

1.2. Gemba: Importancia de la observación directa y el conocimiento del lugar de trabajo

La filosofía japonesa del "Gemba" es una práctica esencial en la mejora continua y la prevención de riesgos laborales. La palabra "Gemba" se traduce como "lugar real" o "lugar verdadero" en japonés, y su aplicación se ha convertido en un componente clave en la cultura empresarial japonesa. En el contexto de la prevención de riesgos laborales, Gemba se refiere a la importancia de estar físicamente presente en el lugar de trabajo, observar directamente las operaciones y comprender plenamente cómo se desarrollan las actividades cotidianas. Esta práctica es esencial para identificar y abordar los riesgos laborales de manera efectiva

La Observación Directa y su Rol en la Prevención de Riesgos Laborales

La observación directa en el lugar de trabajo es fundamental para la prevención de riesgos laborales. Cuando los gerentes, supervisores y empleados pasan tiempo en el Gemba, están en una posición óptima para identificar los riesgos potenciales y las condiciones inseguras. Esta observación directa puede revelar detalles que podrían pasar desapercibidos en informes escritos o revisiones a distancia.

Un ejemplo concreto de cómo se aplica Gemba en la prevención de riesgos laborales es cuando un supervisor se une a los trabajadores en una línea de ensamblaje en una fábrica. Durante su presencia en el lugar de trabajo, el supervisor puede notar problemas como una máquina que funciona de manera irregular, la falta de equipos de protección personal o una disposición inadecuada de herramientas y materiales. Al estar presente en el Gemba, el supervisor puede tomar medidas inmediatas para abordar estos problemas y garantizar un entorno de trabajo más seguro.

Desarrollando una Mentalidad de Gemba

La adopción de una mentalidad de Gemba es esencial para fomentar una cultura de seguridad en el lugar de trabajo. Esto implica que todos los niveles de la organización, desde la alta dirección hasta los trabajadores de primera línea, reconozcan la importancia de estar físicamente presentes en el lugar de trabajo y comprometerse con la observación directa. Algunas estrategias para desarrollar una mentalidad de Gemba incluyen:

1. **Formación y Concienciación:** Proporcionar formación a los empleados sobre la importancia de la observación directa y cómo identificar riesgos potenciales. Promover la concienciación sobre cómo cada empleado puede contribuir a la seguridad laboral.
2. **Liderazgo Ejemplar:** Los líderes de la organización deben liderar con el ejemplo y pasar tiempo regularmente en el Gemba. Esto envía un mensaje claro sobre la importancia de la observación directa.
3. **Comunicación Abierta:** Fomentar un entorno en el que los empleados se sientan cómodos reportando riesgos y problemas que observen en el lugar de trabajo.
4. **Retroalimentación y Acción:** Tomar medidas concretas en respuesta a las observaciones realizadas en el Gemba. Agradecer a los empleados por sus contribuciones y asegurarse de que sus preocupaciones se aborden de manera efectiva.

Beneficios de Gemba en la Prevención de Riesgos Laborales

La práctica de Gemba ofrece una serie de beneficios en la prevención de riesgos laborales. Algunos de los principales incluyen:

1. **Identificación Temprana de Riesgos:** La observación directa permite identificar riesgos antes de que se conviertan en problemas graves, lo que puede evitar accidentes y lesiones.
2. **Compromiso de los Empleados:** Al involucrar a los empleados en la observación directa, se fomenta su compromiso con la seguridad laboral y se les hace sentir valorados como contribuyentes a un lugar de trabajo más seguro.
3. **Mejora Continua:** Gemba se alinea perfectamente con el enfoque Kaizen, ya que promueve mejoras constantes en la seguridad laboral y los procesos en general.
4. **Cultura de Seguridad:** Fomenta una cultura de seguridad en la que todos los empleados asumen la responsabilidad de su propia seguridad y la de sus compañeros de trabajo.

En resumen, la eliminación de Muda es una parte esencial de la prevención de riesgos laborales y la mejora continua. Al identificar y eliminar actividades innecesarias en los procesos de trabajo, las organizaciones pueden reducir los riesgos asociados con el trabajo cotidiano y crear entornos laborales más seguros y eficientes. La aplicación de los siete tipos de Muda en la prevención de riesgos laborales permite abordar áreas específicas de mejora y promover una cultura de seguridad en el lugar de trabajo.

1.4. Poka-Yoke: Implementación de medidas a prueba de error para prevenir accidentes

El término "Poka-Yoke" proviene del japonés y significa "a prueba de errores". En el contexto de la prevención de riesgos laborales y la filosofía Kaizen, Poka-Yoke se refiere a la implementación de medidas a prueba de errores para prevenir accidentes en el lugar de trabajo. Estas medidas están diseñadas para evitar que ocurran errores humanos o situaciones peligrosas, lo que contribuye significativamente a mejorar la seguridad laboral.

Cómo Funciona Poka-Yoke en la Prevención de Riesgos Laborales

La implementación de Poka-Yoke en la prevención de riesgos laborales se basa en la premisa de que los errores humanos son una de las principales causas de accidentes y lesiones en el trabajo. Poka-Yoke se enfoca en identificar posibles fuentes de error y desarrollar soluciones para prevenir o mitigar esos errores. Aquí hay algunas formas en que Poka-Yoke se aplica en la seguridad laboral:

1. **Diseño de Procesos y Equipos Seguros:** Una de las principales aplicaciones de Poka-Yoke es en el diseño de procesos y equipos de trabajo. Esto incluye la incorporación de características de seguridad en la maquinaria y equipos para evitar que los trabajadores estén expuestos a riesgos innecesarios. Por ejemplo, en una máquina de corte industrial, se pueden instalar sensores que detienen automáticamente la máquina cuando se detecta la presencia de una mano humana demasiado cerca del área de corte.

2. **Sistemas de Verificación:** Poka-Yoke a menudo se implementa mediante sistemas de verificación que garantizan que los pasos críticos se realicen correctamente antes de continuar con una tarea. Por ejemplo, en la industria de la construcción, los trabajadores pueden usar arneses de seguridad con anillos de verificación que deben estar conectados adecuadamente antes de realizar trabajos en altura. Si los anillos no están conectados de manera correcta, el sistema de verificación evita que el trabajador proceda, evitando posibles caídas.

3. **Dispositivos de Prevención de Errores:** Poka-Yoke también se logra mediante la implementación de dispositivos físicos que evitan que los errores ocurran. Un ejemplo común es el uso de tapones de seguridad en las tomas de corriente eléctrica para evitar que se introduzcan objetos extraños y prevengan cortocircuitos y descargas eléctricas.

Ejemplos de Aplicación de Poka-Yoke en la Prevención de Riesgos Laborales

1. **Poka-Yoke en la Soldadura:** En el proceso de soldadura, se pueden utilizar dispositivos de Poka-Yoke para prevenir lesiones causadas por la exposición a la luz intensa y a los rayos ultravioleta. Los cascos de soldadura modernos están equipados con sensores que detectan la luz brillante y oscurecen automáticamente la visera para proteger los ojos del soldador.
2. **Poka-Yoke en la Construcción:** En la construcción, se pueden implementar sistemas de verificación de seguridad en las grúas. Antes de que una grúa levante una carga, el operador debe seguir una secuencia de verificación para asegurarse de que todo esté configurado correctamente, incluyendo la carga y el equipo de elevación. Si alguna verificación falla, la grúa no podrá funcionar, evitando situaciones peligrosas.
3. **Poka-Yoke en la Manipulación de Sustancias Peligrosas:** En entornos donde se manipulan sustancias peligrosas, se pueden utilizar contenedores con mecanismos de bloqueo a prueba de niños para evitar el acceso no autorizado. Esto reduce el riesgo de ingestión o contacto accidental con sustancias peligrosas.

Beneficios de Poka-Yoke en la Prevención de Riesgos Laborales

La implementación de Poka-Yoke en la prevención de riesgos laborales ofrece una serie de beneficios, incluyendo:
1. **Reducción de Errores Humanos:** Poka-Yoke ayuda a minimizar los errores humanos que pueden conducir a accidentes y lesiones en el trabajo.
2. **Mejora de la Conciencia de Seguridad:** Los sistemas y dispositivos de Poka-Yoke promueven una mayor conciencia de seguridad entre los trabajadores al hacer que se concentren en procedimientos seguros y verificar pasos críticos.
3. **Reducción de Costos:** La prevención de accidentes mediante Poka-Yoke puede ayudar a reducir los costos asociados con lesiones laborales, como gastos médicos y pérdida de productividad.
4. **Cultura de Seguridad:** La implementación de Poka-Yoke fomenta una cultura de seguridad en la que se valora la prevención de riesgos

y la atención a los detalles.

En conclusión, Poka-Yoke desempeña un papel fundamental en la prevención de riesgos laborales al implementar medidas a prueba de errores que evitan situaciones peligrosas y minimizan los errores humanos en el lugar de trabajo. Al centrarse en el diseño seguro de procesos, sistemas de verificación y dispositivos de prevención de errores, las organizaciones pueden crear entornos laborales más seguros y proteger la salud y el bienestar de sus empleados.

Resumen o puntos clave del capítulo

En el primer capítulo de nuestro viaje hacia la fusión de la cultura japonesa con la prevención de riesgos laborales, exploramos conceptos clave que sientan las bases de esta simbiosis. Comenzamos con **"Kaizen"**, que representa la búsqueda constante de la mejora continua. Descubrimos cómo esta filosofía se aplica a la seguridad laboral a través de la identificación constante de riesgos y la implementación de acciones correctoras. Ejemplos convincentes de empresas japonesas exitosas que han adoptado el Kaizen en su enfoque de seguridad laboral ilustran su poder transformador.

Continuamos nuestro viaje con **"Gemba"**, que nos enseña la importancia de estar presentes en el lugar de trabajo para comprender a fondo las operaciones diarias y los riesgos asociados. A medida que exploramos este concepto, descubrimos métodos y técnicas para desarrollar una mentalidad de Gemba y fomentar una cultura de seguridad en el lugar de trabajo.

"Muda", o la eliminación de actividades innecesarias, nos muestra cómo identificar y eliminar procesos que aumentan los riesgos laborales. Exploramos los "7 tipos de Muda" y cómo se aplican en la prevención de riesgos laborales.

Finalmente, **Poka-yoke** nos introduce en la implementación de medidas a prueba de errores para prevenir accidentes. Comprendemos cómo estos dispositivos o procesos pueden evitar errores costosos y peligrosos. A través de ejemplos de dispositivos de Poka-yoke en diversos entornos laborales, observamos su impacto positivo en la seguridad laboral.

Este capítulo sienta las bases de nuestro viaje, proporcionándonos una comprensión sólida de los conceptos fundamentales de la cultura japonesa que se aplicarán en profundidad a lo largo del libro.

En el siguiente capítulo, aprenderás…

Capítulo 2: Palabras Japonesas Relacionadas con la Prevención de Riesgos Laborales

En el siguiente capítulo, exploraremos un repertorio de palabras japonesas que se han convertido en elementos esenciales en la prevención de riesgos laborales. Cada palabra encierra un significado profundo y una aplicación práctica en la seguridad en el lugar de trabajo. Desde **"Anzen"**, que abarca la seguridad y la prevención de accidentes, hasta **"Yokoten"**, que impulsa el intercambio de conocimientos y mejores prácticas, descubriremos cómo estas palabras no solo enriquecen nuestro vocabulario, sino que también pueden transformar la seguridad laboral en organizaciones de todo tipo. Sumérjase en el mundo de la cultura japonesa y aprenda cómo aplicar estos conceptos para proteger a los trabajadores y mejorar la eficiencia en el lugar de trabajo.

2
PALABRAS JAPONESAS RELACIONADAS CON LA PREVENCIÓN DE RIESGOS LABORALES

Capítulo dos: Palabras japonesas relacionadas con la Prevención de Riesgos Laborales

Introducción: Explorando el Lenguaje de la Seguridad en el Trabajo Japonés

La prevención de riesgos laborales es una preocupación común en todo el mundo, pero cada cultura tiene su propia perspectiva y enfoque en cómo abordar esta cuestión crítica. En el corazón de la cultura japonesa, encontramos una riqueza de términos y conceptos que reflejan la profunda preocupación por la seguridad en el trabajo. En este capítulo, nos sumergiremos en el lenguaje japonés relacionado con la prevención de riesgos laborales y exploraremos cómo estas palabras no solo describen ideas, sino que también ofrecen un enfoque único y efectivo para garantizar la seguridad en el lugar de trabajo.

Anzen: El Pilar de la Seguridad y la Prevención de Accidentes

Comenzamos nuestro viaje lingüístico con la palabra **"Anzen"**. Esta palabra japonesa, que se traduce como "seguridad" o "prevención de accidentes", encarna el valor central que la cultura japonesa otorga a la seguridad en el trabajo. A través de ejemplos y profundización en el concepto de Anzen, exploraremos que promover una cultura de seguridad en el lugar de trabajo es más que una tarea, es un compromiso con la protección de la vida y el bienestar de los trabajadores.

Yoyaku: La Reserva de Recursos para Garantizar la Seguridad

Continuamos nuestra exploración con la palabra **"Yoyaku"**, que significa "reserva" o "reservación". En el contexto de la prevención de riesgos laborales, el Yoyaku se refiere a la planificación y reserva de equipos y recursos necesarios para llevar a cabo el trabajo de manera segura. A través de métodos y mejores prácticas específicas, descubriremos cómo el concepto de Yoyaku puede prevenir situaciones peligrosas al garantizar que los recursos críticos estén disponibles cuando se necesiten.

Seiri: La Organización y Clasificación para Evitar Riesgos

La tercera palabra que exploraremos es **"Seiri"**, que se traduce como "organización" o "clasificación". El Seiri se utiliza para organizar y clasificar correctamente los elementos en el lugar de trabajo, reduciendo así los riesgos laborales. A través de ejemplos y explicaciones detalladas, veremos que implementar un sistema de Seiri puede no solo mejorar la eficiencia en el trabajo, sino también reducir los riesgos asociados con la falta de organización.

Gemba-teki: El Enfoque en el Lugar de Trabajo y la Prevención de Riesgos In Situ

Nuestra exploración lingüística continúa con la palabra **"Gemba-teki"**, que significa "enfoque en el lugar de trabajo". Esta palabra destaca la importancia de la mentalidad Gemba-teki en la prevención de riesgos laborales. Nos centraremos en la identificación y manejo de los riesgos presentes en el lugar de trabajo y exploraremos las herramientas y metodologías Gemba-teki que se pueden utilizar para asegurar la seguridad y prevenir los riesgos laborales.

Heijunka: Equilibrar la Carga de Trabajo para Evitar Lesiones y Fatiga

Nuestra quinta palabra, **"Heijunka"**, se traduce como "equilibrio" o "nivelación". El Heijunka se enfoca en promover un equilibrio eficiente y seguro en la carga de trabajo. Veremos cómo esta palabra japonesa puede contribuir significativamente a la prevención de riesgos laborales al evitar lesiones y la fatiga asociada al trabajo a través de estrategias y enfoques específicos.

Kanban: El Sistema de Señalización para Mantener el Control y Prevenir Riesgos

La sexta palabra en nuestro viaje es **"Kanban"**, que se refiere a un sistema de señalización. Aprenderemos cómo el sistema de Kanban se aplica en la prevención de riesgos laborales, como la señalización para la detección de riesgos o la identificación de situaciones de emergencia. Ejemplos prácticos nos mostrarán cómo implementar y utilizar eficazmente un sistema de Kanban para mantener el control y prevenir los riesgos laborales.

Rentai-Kaizen: La Mejora Continua a Través de la Participación y Colaboración de Todos

La séptima palabra, **"Rentai-Kaizen"**, se traduce como "mejora continua a través de la participación y colaboración de todos los miembros del equipo". Exploraremos cómo este concepto puede aplicarse en la prevención de riesgos laborales, fomentando la participación activa de todos los miembros del equipo en la identificación y solución de problemas de seguridad. Ejemplos de actividades y técnicas de Rentai-Kaizen nos mostrarán cómo promover una mayor conciencia y compromiso con la seguridad laboral.

2.1 Anzen: Seguridad y Prevención de Accidentes

El concepto de "Anzen" es una palabra japonesa que abarca un significado profundo relacionado con la seguridad y la prevención de accidentes en el lugar de trabajo. Esta palabra, que se traduce comúnmente como "seguridad", va más allá de ser una mera descripción; es un pilar fundamental de la cultura japonesa que destaca la importancia de la protección de la vida y el bienestar de los trabajadores. En este segmento, exploraremos a fondo el significado y la aplicación de "Anzen" en la prevención de riesgos laborales.

La Fundación de la Cultura Japonesa: Anzen como Prioridad

En la cultura japonesa, la seguridad y la prevención de accidentes son consideradas asuntos de la más alta prioridad. Desde la antigüedad, se ha inculcado en la sociedad japonesa el valor de cuidar y proteger a las personas en sus actividades diarias. Esta filosofía se ha arraigado profundamente en la forma en que las organizaciones japonesas gestionan sus operaciones y se ha convertido en un componente esencial de la cultura corporativa. Para las empresas japonesas, la seguridad de los empleados es una responsabilidad compartida y una parte integral de su éxito.

Anzen como Cultura Empresarial

En las empresas japonesas, el concepto de Anzen se manifiesta no solo como una serie de políticas y procedimientos, sino como una cultura empresarial arraigada. Los empleados son educados y entrenados para ser conscientes de los riesgos y peligros potenciales en su lugar de trabajo y para tomar medidas proactivas para prevenir accidentes. Este enfoque no se limita únicamente a la alta dirección, sino que se extiende a todos los niveles de la organización. Cada empleado se convierte en un defensor de la seguridad y tiene la responsabilidad de reportar cualquier problema o riesgo que identifique.

Promoviendo una Cultura de Seguridad a Través de Anzen

La cultura japonesa aborda la seguridad en el trabajo desde una perspectiva holística. Promover una cultura de seguridad no solo implica la implementación de medidas preventivas, sino también la creación de un entorno donde los empleados se sientan cómodos al hablar sobre los problemas de seguridad y tomar medidas para abordarlos. Anzen promueve la comunicación abierta y alienta a los trabajadores a reportar cualquier incidente o situación que puedan percibir como un riesgo. Esto crea un ciclo de retroalimentación constante que permite a las organizaciones identificar y abordar de manera proactiva los riesgos laborales.

Ejemplos de Aplicación de Anzen en el Trabajo

La aplicación de Anzen en el lugar de trabajo se manifiesta de diversas formas. A continuación, se presentan ejemplos específicos de cómo se pone en práctica:

1. **Entrenamiento en Seguridad:** Las empresas japonesas brindan un entrenamiento exhaustivo en seguridad a sus empleados desde el primer día. Esto incluye instrucciones sobre el uso seguro de equipos, la identificación de riesgos y la importancia de seguir procedimientos seguros.

2. **Participación Activa:** Los trabajadores son alentados a participar activamente en la identificación y solución de problemas de seguridad. Se realizan reuniones regulares para discutir temas de seguridad y se establecen equipos de seguridad encargados de proponer mejoras.

3. **Mejora Continua:** La filosofía Kaizen se aplica a la seguridad laboral. Las empresas buscan constantemente formas de mejorar los procedimientos y prácticas de seguridad para reducir aún más los riesgos.

4. **Reporte de Incidentes:** Los empleados son alentados a reportar cualquier incidente, incluso si es menor. Esto permite una investigación exhaustiva y la implementación de medidas correctivas antes de que ocurra un incidente más grave.

5. **Reconocimiento y Recompensa:** Se reconoce y recompensa a los empleados que demuestran un compromiso excepcional con la seguridad laboral. Esto refuerza la importancia de Anzen en la cultura empresarial.

Beneficios de Anzen en la Prevención de Riesgos Laborales

La aplicación efectiva de Anzen en la prevención de riesgos laborales conlleva una serie de beneficios notables:

1. **Reducción de Accidentes:** La conciencia constante de los riesgos laborales y la promoción de prácticas seguras conducen a una disminución significativa de los accidentes en el trabajo.

2. **Mejora de la Moral:** Los empleados se sienten valorados y protegidos cuando sus preocupaciones de seguridad son atendidas, lo que mejora la moral y la satisfacción en el trabajo.

3. **Eficiencia Operativa:** Un entorno de trabajo seguro conduce a una mayor eficiencia operativa, ya que se reducen los tiempos de inactividad debido a lesiones o accidentes.

4. **Reputación de la Empresa:** Las empresas que priorizan Anzen desarrollan una sólida reputación de cuidado y responsabilidad hacia sus empleados, lo que puede atraer y retener talento.

En resumen, Anzen es mucho más que una palabra japonesa; es un principio fundamental que impulsa la cultura de seguridad laboral en Japón y puede servir como inspiración para organizaciones en todo el mundo. Al abrazar este enfoque holístico de la seguridad en el trabajo y promover una cultura de Anzen, las empresas pueden proteger a sus empleados, mejorar su eficiencia y construir una sólida reputación de responsabilidad corporativa.

2.2 Yoyaku: Reservas de Equipos y Recursos para Garantizar la Seguridad

El término japonés "Yoyaku" se traduce comúnmente como "reserva" o "reservación". Aunque inicialmente puede parecer una palabra simple, su aplicación en el contexto de la prevención de riesgos laborales revela una perspectiva profunda y eficaz sobre la importancia de la planificación y la anticipación en el lugar de trabajo.

Planificación Estratégica para la Seguridad

El concepto de Yoyaku se basa en la premisa de que prevenir accidentes y proteger la seguridad de los trabajadores no es simplemente una cuestión de respuesta a situaciones de emergencia. En cambio, se trata de una planificación estratégica y anticipada. Las organizaciones japonesas comprenden que la seguridad laboral no debe dejarse al azar ni tratarse como una ocurrencia posterior; debe ser una parte integral de la planificación de cada tarea y proyecto.

Garantizando Recursos Disponibles

El Yoyaku implica la reserva y disponibilidad de los equipos, herramientas y recursos necesarios para llevar a cabo una tarea de manera segura. Esto puede incluir la reserva de equipos de protección personal, herramientas adecuadas, capacitación específica y el tiempo necesario para realizar una tarea de manera segura. En lugar de depender de la improvisación o de esperar hasta que surja la necesidad, el Yoyaku garantiza que todo lo que se requiere para la seguridad esté disponible de antemano.

Ejemplos de Aplicación de Yoyaku

La aplicación de Yoyaku en el lugar de trabajo se manifiesta de diversas maneras:

1. **Planificación de Proyectos:** Antes de iniciar un proyecto, se realiza una evaluación exhaustiva de los recursos necesarios, desde equipos de seguridad hasta herramientas específicas. Los recursos se reservan con anticipación para garantizar su disponibilidad durante todo el proyecto.

2. **Horarios y Rotación de Personal:** En entornos donde la fatiga laboral o la exposición a riesgos aumenta con el tiempo, se implementa una rotación de personal planificada para asegurarse de que los trabajadores no estén expuestos a situaciones peligrosas durante largos períodos.

3. **Mantenimiento Preventivo:** La maquinaria y los equipos críticos se someten a mantenimiento preventivo programado en lugar de reaccionar ante fallas. Esto asegura que los equipos estén en óptimas condiciones de funcionamiento en todo momento.

4. **Entrenamiento Continuo:** Los programas de capacitación en seguridad se establecen como una práctica estándar, y los empleados reciben capacitación continua para estar preparados para cualquier situación que puedan encontrar.

Beneficios del Enfoque Yoyaku en la Prevención de Riesgos Laborales

La aplicación efectiva del enfoque Yoyaku en la prevención de riesgos laborales conlleva una serie de beneficios:

1. **Mayor Seguridad:** Al garantizar que los recursos y equipos necesarios estén disponibles de antemano, se reduce la posibilidad de situaciones peligrosas o accidentes debido a la falta de preparación.

2. **Menos Interrupciones:** La planificación y la reserva de recursos ayudan a evitar interrupciones costosas debido a accidentes o problemas de seguridad que podrían haberse evitado.

3. **Mejora de la Moral:** Los empleados se sienten más seguros y valorados cuando sus necesidades de seguridad están siendo atendidas de manera proactiva, lo que mejora su moral y satisfacción en el trabajo.

4. **Eficiencia Operativa:** Al reducir el tiempo perdido en situaciones de emergencia o accidentes, las operaciones se vuelven más eficientes y productivas.

Yoyaku en un Contexto Global

Si bien el concepto de Yoyaku tiene raíces profundas en la cultura japonesa, su aplicabilidad se extiende a nivel global. La planificación anticipada y la reserva de recursos son principios universales que pueden mejorar la seguridad laboral en cualquier lugar del mundo. Las organizaciones que adoptan el enfoque Yoyaku demuestran un compromiso claro con la seguridad de sus empleados y pueden disfrutar de los beneficios de una cultura de prevención de riesgos laborales sólida y efectiva.

En resumen, el concepto de Yoyaku nos enseña la importancia de la planificación anticipada y la reserva de recursos en la prevención de riesgos laborales. Al asegurarnos de que todo lo necesario para la seguridad esté disponible de antemano, podemos garantizar un entorno de trabajo más seguro y eficiente. Este enfoque no solo es una parte integral de la cultura empresarial japonesa, sino que también puede ser adoptado y aplicado en organizaciones de todo el mundo para proteger la vida y el bienestar de los trabajadores.

2.3 Seiri: Organización y Clasificación para Evitar Riesgos Laborales

La palabra japonesa "Seiri" se traduce como "organización" o "clasificación". En el contexto de la prevención de riesgos laborales, Seiri es un concepto fundamental que va mucho más allá de la organización superficial. Representa la filosofía japonesa de mantener un entorno de trabajo limpio, ordenado y eficiente para minimizar los riesgos y mejorar la seguridad en el lugar de trabajo.

Una Base Sólida para la Seguridad Laboral

La filosofía detrás de Seiri es simple pero poderosa: al eliminar el desorden y organizar los elementos esenciales en el lugar de trabajo, se pueden identificar y mitigar los riesgos laborales de manera efectiva. Este enfoque no solo se aplica a las herramientas y equipos, sino también a los materiales, documentos y áreas de trabajo en general. Seiri es una base sólida para la seguridad laboral en Japón y ofrece valiosas lecciones para la prevención de riesgos en todo el mundo.

Cómo Seiri Contribuye a la Prevención de Riesgos Laborales

La implementación efectiva de Seiri en el lugar de trabajo conlleva una serie de beneficios que contribuyen a la prevención de riesgos laborales:

1. **Identificación de Riesgos:** Al organizar y clasificar meticulosamente los elementos en el lugar de trabajo, se vuelven más evidentes los posibles riesgos. Esto facilita la identificación de áreas problemáticas y la toma de medidas preventivas.

2. **Reducción de Accidentes:** Un entorno de trabajo ordenado y libre de desorden reduce las posibilidades de tropiezos, caídas y otros accidentes relacionados con la falta de organización.

3. **Mayor Eficiencia:** La eficiencia operativa mejora cuando los trabajadores pueden acceder fácilmente a las herramientas y materiales que necesitan. Esto reduce el tiempo perdido buscando cosas y aumenta la productividad.

4. **Cultura de la Seguridad:** Seiri promueve una cultura de seguridad en la que los empleados son conscientes de la importancia de mantener un entorno de trabajo seguro y están comprometidos en hacerlo.

Etapas de Implementación de Seiri

La implementación de Seiri sigue un proceso específico:

1. **Evaluación Inicial:** Se realiza una evaluación exhaustiva del lugar de trabajo para identificar áreas de desorden y posibles riesgos laborales.

2. **Clasificación:** Los elementos en el lugar de trabajo se clasifican en categorías, como "esencial", "no esencial" y "basura". Esto ayuda a priorizar qué debe mantenerse y qué debe eliminarse.

3. **Eliminación:** Los elementos no esenciales o en desuso se eliminan del lugar de trabajo. Esto puede incluir herramientas y equipos rotos, materiales obsoletos y otros elementos innecesarios.

4. **Organización:** Los elementos esenciales se organizan de manera lógica y eficiente para que estén disponibles cuando se necesiten.

5. **Mantenimiento Continuo:** Se establecen procedimientos para mantener el lugar de trabajo ordenado y organizado de manera continua. Esto incluye la capacitación de los empleados en la importancia de Seiri y la responsabilidad de mantenerlo.

Ejemplos de Aplicación de Seiri

La aplicación de Seiri en el lugar de trabajo puede tomar diversas formas:

1. **Talleres de Manufactura:** En una planta de fabricación, Seiri implica mantener las herramientas y materiales organizados, eliminando elementos obsoletos y garantizando que las áreas de trabajo estén limpias y ordenadas.

2. **Oficinas:** En un entorno de oficina, Seiri se aplica a la organización de documentos y suministros. Eliminar archivos innecesarios y mantener los escritorios y áreas de trabajo limpios es esencial.

3. **Entornos de Salud:** En hospitales y clínicas, Seiri se aplica a la organización de suministros médicos y equipos. Garantizar que los suministros críticos estén fácilmente accesibles es vital para la seguridad del paciente.

Seiri en un Contexto Global

Aunque Seiri tiene raíces profundas en la cultura japonesa, su aplicabilidad es universal. La organización y clasificación adecuadas son prácticas que pueden mejorar la seguridad laboral en cualquier lugar del mundo. Al adoptar el enfoque de Seiri, las organizaciones pueden identificar y mitigar los riesgos laborales de manera efectiva, lo que resulta en entornos de trabajo más seguros, eficientes y productivos. Seiri es una lección valiosa que todos pueden aprender de la cultura japonesa en su búsqueda constante de la prevención de riesgos laborales.

2.4 Gemba-teki: Enfoque en el Lugar de Trabajo y Prevención de Riesgos In Situ

La palabra japonesa "Gemba-teki" se traduce como "enfoque en el lugar de trabajo" o "enfoque en el sitio". Es un concepto central en la cultura japonesa que realza la importancia de estar presente físicamente en el lugar donde ocurren las actividades laborales. En el contexto de la prevención de riesgos laborales, Gemba-teki se refiere a la práctica de estar directamente en el sitio de trabajo para identificar y abordar los riesgos de manera proactiva.

El Significado Profundo de Gemba-teki

Gemba-teki va más allá de la observación pasiva; implica una inmersión activa en las operaciones diarias para comprender plenamente los procesos, identificar riesgos potenciales y tomar medidas para prevenir accidentes. Los líderes y empleados que practican Gemba-teki se convierten en "agentes del lugar de trabajo" comprometidos en mantener un entorno seguro.

Importancia de Gemba-teki en la Prevención de Riesgos Laborales

La aplicación efectiva de Gemba-teki en la prevención de riesgos laborales tiene un impacto significativo en la seguridad y el bienestar de los trabajadores. Aquí se destacan varios aspectos clave:

1. **Identificación Temprana de Riesgos:** Al estar presentes en el lugar de trabajo, los observadores pueden identificar riesgos y peligros en tiempo real, lo que permite tomar medidas inmediatas para mitigarlos.

2. **Mejora de la Conciencia de Seguridad:** Los empleados que practican Gemba-teki desarrollan una mayor conciencia de seguridad. Estar en el sitio fomenta la atención constante a los riesgos y la adhesión a las mejores prácticas de seguridad.

3. **Resolución de Problemas:** Cuando se detecta un problema de seguridad, los observadores pueden participar activamente en la resolución de problemas y en la implementación de soluciones efectivas.

4. **Involucramiento de la Alta Dirección:** Gemba-teki no se limita a los trabajadores de base; los líderes también deben estar presentes en

el lugar de trabajo para demostrar su compromiso con la seguridad y la prevención de riesgos.

Herramientas y Metodologías Gemba-teki

La práctica de Gemba-teki se apoya en una serie de herramientas y metodologías que facilitan la identificación y el manejo de los riesgos laborales:

1. **Observación Activa:** Los observadores utilizan sus sentidos para detectar posibles riesgos, desde condiciones peligrosas hasta comportamientos inseguros.

2. **Gemba Walks:** Estas son caminatas planificadas en el lugar de trabajo donde los líderes y empleados se unen para observar y discutir temas de seguridad.

3. **Diálogos de Seguridad:** Las conversaciones regulares sobre seguridad entre los trabajadores y sus superiores son esenciales para abordar preocupaciones y compartir información.

4. **Investigaciones de Incidentes:** Cuando ocurre un incidente, Gemba-teki implica investigar el lugar y las circunstancias para comprender las causas y prevenir recurrencias.

Ejemplos de Aplicación de Gemba-teki

La aplicación de Gemba-teki se puede ver en varios entornos laborales:

1. **Manufactura:** Los gerentes y empleados visitan las líneas de producción para identificar posibles riesgos, como maquinaria defectuosa o procedimientos inseguros.

2. **Construcción:** En proyectos de construcción, los supervisores y los trabajadores recorren el sitio para asegurarse de que se sigan las prácticas de seguridad y que los equipos de protección personal se utilicen adecuadamente.

3. **Salud:** En hospitales, los médicos y enfermeras practican Gemba-teki al evaluar las condiciones de las habitaciones de los pacientes y las áreas de trabajo para garantizar la seguridad de los pacientes y el personal.

Gemba-teki en un Contexto Global

Aunque Gemba-teki tiene raíces profundas en la cultura japonesa, su aplicabilidad es universal. La práctica de estar presente en el lugar de trabajo y enfocarse en la prevención de riesgos laborales puede mejorar la seguridad en cualquier entorno laboral en todo el mundo. Al abrazar el enfoque Gemba-teki, las organizaciones pueden cultivar una cultura de seguridad en la que todos sean responsables de proteger la vida y el bienestar de los trabajadores. Esta práctica puede contribuir en gran medida a la prevención de accidentes y lesiones en el lugar de trabajo.

2.5 Heijunka: Equilibrio en la Carga de Trabajo para Evitar Lesiones y Fatiga Laboral

La palabra japonesa "Heijunka" se traduce como "equilibrio en la carga de trabajo" o "nivelación de la producción". En el contexto de la prevención de riesgos laborales, Heijunka se refiere a la práctica de equilibrar y distribuir de manera uniforme la carga de trabajo para evitar lesiones y la fatiga laboral. Este concepto es fundamental en la cultura japonesa y se aplica en diversos entornos laborales para garantizar que los trabajadores puedan realizar sus tareas de manera segura y eficiente.

El Significado Profundo de Heijunka

Heijunka es más que una simple distribución de tareas; es una filosofía que promueve la seguridad y la estabilidad en el lugar de trabajo. El objetivo es evitar picos y caídas drásticas en la carga de trabajo, lo que puede llevar a la fatiga y aumentar el riesgo de lesiones. En cambio, Heijunka busca una producción o carga de trabajo constante y sostenible.

Importancia de Heijunka en la Prevención de Riesgos Laborales

La implementación efectiva de Heijunka tiene un impacto significativo en la prevención de riesgos laborales y en el bienestar de los trabajadores. Aquí se destacan varios aspectos clave:

1. **Reducción de la Fatiga:** Al evitar la sobrecarga de trabajo y la falta de trabajo, Heijunka reduce la fatiga laboral, lo que disminuye la probabilidad de accidentes relacionados con la fatiga.

2. **Mantenimiento de la Concentración:** Al mantener una carga de trabajo constante, los trabajadores pueden mantener una mayor concentración y atención en sus tareas, lo que reduce los errores y los accidentes.

3. **Promoción de la Seguridad:** Heijunka fomenta una cultura de seguridad en la que los trabajadores se sienten valorados y protegidos. Esto promueve una mayor atención a las prácticas seguras.

4. **Eficiencia Operativa:** Una carga de trabajo equilibrada mejora la eficiencia operativa al garantizar que los recursos se utilicen de manera óptima y que los trabajadores sean más productivos.

Estrategias y Enfoques Heijunka

La implementación de Heijunka implica una serie de estrategias y enfoques:

1. **Programación de la Producción:** En entornos de fabricación, Heijunka se logra mediante una programación de producción cuidadosamente planificada que evita fluctuaciones extremas en la demanda y la carga de trabajo.

2. **Rotación de Tareas:** En algunos entornos, como hospitales o almacenes, la rotación de tareas se utiliza para equilibrar la carga de trabajo y prevenir lesiones por movimientos repetitivos.

3. **Flexibilidad en la Asignación de Tareas:** Los gerentes deben ser flexibles en la asignación de tareas, garantizando que los trabajadores no se vean abrumados ni subutilizados.

Ejemplos de Aplicación de Heijunka

La aplicación de Heijunka se puede observar en diversos entornos laborales:

1. **Manufactura:** En una planta de fabricación, Heijunka se implementa mediante la programación de producción para evitar cambios bruscos en la demanda de productos, lo que puede generar presión adicional sobre los trabajadores.

2. **Construcción:** En proyectos de construcción, la programación de tareas y la rotación de equipos se utilizan para equilibrar la carga de trabajo y evitar la fatiga de los trabajadores.

3. **Cuidado de la Salud:** En un hospital, Heijunka se logra a través de la programación de turnos de enfermería y médicos para garantizar una atención constante y equitativa a los pacientes.

Heijunka en un Contexto Global

Aunque Heijunka tiene raíces profundas en la cultura japonesa, su aplicabilidad es universal. La práctica de equilibrar la carga de trabajo y evitar la fatiga laboral es esencial en cualquier lugar del mundo para garantizar la seguridad de los trabajadores y la eficiencia operativa. Al adoptar el enfoque Heijunka, las organizaciones pueden proteger a sus empleados de lesiones y crear un entorno de trabajo sostenible y seguro. La prevención de riesgos laborales es una prioridad global, y Heijunka es una herramienta valiosa en la búsqueda de este objetivo.

2.6 Kanban: Sistema de Señalización para Mantener el Control y Prevenir Riesgos Laborales

La palabra japonesa "Kanban" se traduce como "tarjeta visual" o "sistema de señalización". Aunque originalmente se desarrolló como parte del sistema de producción de Toyota, el concepto de Kanban se ha convertido en una práctica universal que va más allá de la manufactura. En el contexto de la prevención de riesgos laborales, Kanban se refiere a un sistema visual de control que permite a los trabajadores y a la gestión mantener un entorno de trabajo seguro y eficiente.

El Significado Profundo de Kanban

Kanban se basa en la idea de que la información visual es más rápida de comprender y actuar que los informes escritos o verbales. Se utiliza para proporcionar una señal o indicación clara de qué, cuánto y cuándo se debe hacer algo. En términos de seguridad laboral, Kanban facilita la comunicación efectiva de los procedimientos de seguridad, los riesgos y las medidas preventivas.

Importancia de Kanban en la Prevención de Riesgos Laborales

La implementación efectiva de Kanban tiene un impacto significativo en la prevención de riesgos laborales y en la seguridad de los trabajadores. Aquí se destacan varios aspectos clave:

1. **Comunicación Visual:** Kanban utiliza señales visuales, como tarjetas, letreros o colores, para comunicar información de manera clara y rápida. Esto es esencial para señalar áreas peligrosas, procedimientos de seguridad y riesgos potenciales.

2. **Gestión de Inventario:** En entornos donde se almacenan productos químicos o materiales peligrosos, Kanban se utiliza para controlar el inventario y asegurarse de que los materiales peligrosos estén almacenados y manejados correctamente.

3. **Planificación de Tareas:** Kanban se utiliza para programar y asignar tareas de manera eficiente, evitando la sobrecarga de trabajo y asegurando que los trabajadores tengan el tiempo y los recursos necesarios para realizar sus tareas de manera segura.

4. **Prevención de Accidentes:** Al proporcionar una señal visual de las condiciones y procedimientos de seguridad, Kanban ayuda a prevenir accidentes y garantiza que los trabajadores estén al tanto de los riesgos.

Herramientas y Metodologías Kanban

La implementación de Kanban implica una serie de herramientas y metodologías que facilitan la comunicación y la gestión visual:

1. **Tarjetas Kanban:** Estas tarjetas se utilizan para representar tareas o elementos específicos y se mueven de un lugar a otro para indicar su estado o progreso.

2. **Tableros Kanban:** Los tableros visuales muestran el flujo de trabajo y el estado de las tareas de manera clara. Cada columna representa una etapa en el proceso.

3. **Etiquetas de Colores:** Se utilizan para identificar áreas o elementos peligrosos. Por ejemplo, se pueden usar etiquetas de colores para indicar zonas de alta tensión eléctrica o materiales inflamables.

Ejemplos de Aplicación de Kanban

La aplicación de Kanban se puede observar en diversos entornos laborales:

1. **Manufactura:** En una línea de producción, los tableros Kanban se utilizan para programar tareas y controlar el inventario de piezas y materiales.

2. **Construcción:** En un sitio de construcción, las tarjetas Kanban se utilizan para programar y asignar tareas, y los tableros visuales muestran el progreso del proyecto y las áreas peligrosas.

3. **Almacenes:** En almacenes y bodegas, Kanban se utiliza para controlar el inventario y garantizar que los productos químicos y materiales peligrosos se almacenen adecuadamente.

Kanban en un Contexto Global

Aunque Kanban tiene sus raíces en la manufactura japonesa, su aplicabilidad es universal. La comunicación visual y la gestión eficiente son esenciales en cualquier lugar del mundo para prevenir accidentes y proteger la seguridad de los trabajadores. Al adoptar el enfoque Kanban, las organizaciones pueden crear un entorno de trabajo más seguro y eficiente al tiempo que mejoran la comunicación y la gestión de riesgos. Kanban es una herramienta valiosa en la búsqueda de la prevención de riesgos laborales en todo el mundo.

2.7 Rentai-kaizen: Mejora Continua a través de la Participación y Colaboración de Todos los Miembros del Equipo

La palabra japonesa "Rentai-kaizen" se traduce como "mejora continua en equipo" o "mejora continua en colaboración". Es un concepto esencial en la cultura japonesa que pone énfasis en la importancia de la participación activa y la colaboración de todos los miembros del equipo en la identificación y solución de problemas. En el contexto de la prevención de riesgos laborales, Rentai-kaizen se refiere a la práctica de involucrar a todos los trabajadores en la mejora constante de la seguridad y la prevención de riesgos en el lugar de trabajo.

El Significado Profundo de Rentai-kaizen

Rentai-kaizen se basa en la idea de que cada miembro del equipo, desde la alta dirección hasta los trabajadores de base, tiene un papel fundamental que desempeñar en la mejora continua y la prevención de riesgos laborales. Promueve una cultura en la que todos son responsables de identificar y abordar los problemas de seguridad, y donde se valora la contribución de cada individuo.

Importancia de Rentai-kaizen en la Prevención de Riesgos Laborales

La implementación efectiva de Rentai-kaizen tiene un impacto significativo en la seguridad laboral y en el bienestar de los trabajadores. Aquí se destacan varios aspectos clave:

1. **Conciencia de Seguridad:** Rentai-kaizen promueve una mayor conciencia de seguridad entre todos los empleados. Fomenta la idea de que la seguridad es responsabilidad de todos y no solo de un departamento o individuo.

2. **Participación Activa:** Los trabajadores se sienten más involucrados y comprometidos cuando se les da la oportunidad de contribuir a la mejora de la seguridad en el lugar de trabajo. Esto lleva a una mayor participación y vigilancia en la identificación de riesgos.

3. **Colaboración:** Rentai-kaizen fomenta la colaboración entre diferentes departamentos y niveles jerárquicos. Los equipos trabajan juntos para abordar problemas de seguridad, lo que lleva a soluciones más efectivas.

4. **Mejora Continua:** Al hacer de la mejora continua un hábito arraigado en la cultura de la organización, Rentai-kaizen asegura que la seguridad laboral sea un proceso en constante evolución y mejora.

Herramientas y Metodologías Rentai-kaizen

La implementación de Rentai-kaizen se apoya en una serie de herramientas y metodologías que facilitan la participación y la colaboración:

1. **Kaizen Events:** Estos eventos programados reúnen a equipos multidisciplinarios para abordar problemas específicos y desarrollar soluciones.

2. **Grupos de Trabajo de Seguridad:** Se forman grupos dedicados a la seguridad laboral que se reúnen regularmente para discutir problemas, identificar riesgos y proponer soluciones.

3. **Círculos de Calidad:** Los círculos de calidad son grupos de empleados que se reúnen para analizar problemas y encontrar formas de mejorar la seguridad y la eficiencia.

Ejemplos de Aplicación de Rentai-kaizen

La aplicación de Rentai-kaizen se puede observar en diversos entornos laborales:

1. **Manufactura:** En una planta de fabricación, los equipos de producción se reúnen regularmente para identificar y abordar problemas de seguridad, como mal funcionamiento de maquinaria o procedimientos inseguros.

2. **Construcción:** En proyectos de construcción, los trabajadores de diferentes oficios se unen para identificar riesgos y desarrollar medidas preventivas.

3. **Cuidado de la Salud:** En un hospital, los equipos médicos y de enfermería participan en círculos de calidad para mejorar la seguridad de los pacientes y el personal.

Rentai-kaizen en un Contexto Global

Aunque Rentai-kaizen tiene raíces profundas en la cultura japonesa, su aplicabilidad es universal. La participación activa y la colaboración de todos los miembros del equipo son esenciales en cualquier lugar del mundo para prevenir accidentes y proteger la seguridad de los trabajadores. Al adoptar el enfoque Rentai-kaizen, las organizaciones pueden cultivar una cultura de seguridad en la que todos se sientan responsables y comprometidos con la prevención de riesgos laborales. Esto contribuye en gran medida a la creación de entornos de trabajo más seguros y saludables.

Resumen Capítulo 2: Palabras Japonesas Relacionadas con la Prevención de Riesgos Laborales

En este capítulo, exploramos una serie de palabras japonesas que desempeñan un papel fundamental en la prevención de riesgos laborales. Cada término no solo enriquece nuestro vocabulario, sino que también ofrece una perspectiva única sobre cómo mejorar la seguridad en el lugar de trabajo. Aquí están los puntos clave:

1. **Anzen (Seguridad):** Esta palabra japonesa encarna la importancia de la seguridad y la prevención de accidentes en el lugar de trabajo. Promover una cultura centrada en "Anzen" significa priorizar activamente la seguridad de los empleados.

2. **Yoyaku (Reservas):** El concepto de "Yoyaku" se enfoca en la planificación y la garantía de la disponibilidad de equipos y recursos necesarios para realizar el trabajo de manera segura, evitando así riesgos laborales derivados de la falta de preparación.

3. **Seiri (Organización y Clasificación):** "Seiri" se relaciona con la organización y clasificación adecuadas de elementos en el lugar de trabajo, lo que reduce los riesgos asociados con la falta de organización y el desorden.

4. **Gemba-teki (Enfoque en el Lugar de Trabajo):** Este concepto enfatiza la importancia de abordar los riesgos laborales directamente en el lugar donde ocurren, promoviendo una observación activa y la toma de medidas inmediatas.

5. **Heijunka (Equilibrio en la Carga de Trabajo):** "Heijunka" aboga por mantener un equilibrio eficiente y seguro en la carga de trabajo para prevenir lesiones y la fatiga laboral, lo que contribuye a la prevención de riesgos.

6. **Kanban (Sistema de Señalización):** "Kanban" se refiere a un sistema de señalización que puede utilizarse para detectar riesgos, identificar situaciones de emergencia y mantener el control en el lugar de trabajo.

7. **Rentai-kaizen (Mejora Continua a través de la Participación y Colaboración):** Este concepto destaca la importancia de involucrar a todos los miembros del equipo en la identificación y solución de

problemas de seguridad, fomentando así una mayor conciencia y compromiso con la seguridad laboral.

Cada una de estas palabras japonesas aporta una perspectiva valiosa y enriquecedora sobre cómo proteger a los empleados y promover la seguridad laboral. Al comprender y aplicar estos conceptos, las organizaciones pueden avanzar hacia un entorno laboral más seguro y saludable para todos los miembros del equipo.

En el siguiente capítulo aprenderás…

Capítulo 3: Prácticas y Enfoques de Prevención de Riesgos Laborales en Japón

En el siguiente capítulo, exploraremos en profundidad las prácticas y enfoques específicos que se aplican en Japón para la prevención de riesgos laborales. Aprenderás cómo la cultura japonesa ha dado forma a estrategias como las 5S, el Hoshin Kanri, el Hansei y el Yokoten, y cómo estas técnicas pueden ser adaptadas y aplicadas en diferentes entornos laborales en todo el mundo.

Descubrirás cómo las 5S promueven la organización y la limpieza para mejorar la seguridad laboral, y cómo el Hoshin Kanri se convierte en una herramienta poderosa para la planificación estratégica en seguridad. El Hansei te enseñará la importancia de aprender de los errores para mejorar la seguridad, mientras que el Yokoten se convertirá en una forma de compartir conocimientos y mejores prácticas.

Este capítulo te brindará una visión detallada de cómo Japón ha abordado la prevención de riesgos laborales con éxito, y cómo puedes aplicar estas estrategias en tu propia organización para crear un entorno de trabajo más seguro y saludable.

3
PRÁCTICAS Y ENFOQUES DE PREVENCIÓN DE RIESGOS LABORALES EN JAPÓN

La seguridad laboral es una preocupación universal que trasciende las fronteras y las culturas. Sin embargo, cada región y país tiene sus propias filosofías y enfoques para abordar este importante tema. En el contexto de la cultura japonesa, la prevención de riesgos laborales adquiere un matiz distintivo y profundamente arraigado en la forma en que las empresas y los trabajadores abordan la seguridad en el lugar de trabajo.

En este capítulo, exploraremos las prácticas y enfoques de prevención de riesgos laborales en Japón. Nos sumergiremos en la rica tradición japonesa de mejorar continuamente la seguridad y proteger la salud de los trabajadores. Desde las metodologías específicas hasta los conceptos culturales que guían estas prácticas, descubriremos cómo Japón ha logrado mantener uno de los entornos laborales más seguros y saludables del mundo.

3.1 5S: Importancia de la organización y limpieza en la seguridad laboral.

En el capítulo anterior, exploramos cómo la cultura japonesa de mejora continua, representada por el concepto de Kaizen, contribuye a la prevención de riesgos laborales. En este capítulo, nos sumergiremos en una metodología específica que desempeña un papel muy destacado en la seguridad laboral japonesa: las 5S. Estas cinco palabras japonesas, Seiri, Seiton, Seiso, Seiketsu y Shitsuke, se traducen como Clasificación, Orden, Limpieza, Normalización y Disciplina respectivamente. Aunque inicialmente se desarrollaron como una estrategia de organización para el entorno de fabricación, las 5S se han convertido en una herramienta valiosa para mejorar la seguridad laboral en diversos sectores.

Seiri (Clasificación): Identificando lo Esencial

El primer paso en el proceso de las 5S es Seiri, que implica la clasificación. En el contexto de la seguridad laboral, esto significa identificar y separar los elementos esenciales de los no esenciales en el lugar de trabajo. Se trata de reducir la cantidad de objetos, herramientas y materiales en el área de trabajo a lo estrictamente necesario para realizar las tareas de manera segura y eficiente. Cuando se aplican las 5S, Seiri contribuye a prevenir accidentes al reducir la posibilidad de desorden y confusión en el lugar de trabajo.

Seiton (Orden): Organización Efectiva

Una vez que se ha realizado la clasificación, el siguiente paso es Seiton, que se enfoca en la organización. Se trata de asignar un lugar específico para cada objeto o herramienta y mantenerlos en ese lugar de manera sistemática. Seiton asegura que todo esté fácilmente accesible y que no haya necesidad de buscar o mover objetos innecesarios. En el contexto de la seguridad laboral, Seiton reduce el riesgo de accidentes causados por la búsqueda de herramientas o materiales mal ubicados y ayuda a mantener un entorno de trabajo ordenado y seguro.

Seiso (Limpieza): Manteniendo un Lugar de Trabajo Limpio

Seiso se traduce como "limpieza", y va más allá de la simple eliminación de la suciedad. Implica mantener un lugar de trabajo limpio y libre de desechos, lo que incluye la eliminación de aceites, polvo y desechos de cualquier superficie o máquina. Un área de trabajo limpia no solo es estéticamente agradable, sino que también reduce los riesgos laborales. Elimina la posibilidad de resbalones o tropiezos causados por superficies sucias o desordenadas, y ayuda a detectar problemas de seguridad, como fugas de líquidos o partes dañadas, más fácilmente.

Seiketsu (Normalización): Estableciendo un Estándar

El cuarto paso, Seiketsu, se refiere a la normalización. Implica la creación y adhesión a estándares de organización y limpieza. Cuando se establecen procedimientos estándar para mantener la organización y la limpieza, se garantiza que estas prácticas se conviertan en parte integral de la cultura organizacional. En el contexto de la seguridad laboral, Seiketsu asegura que los estándares de seguridad sean uniformes en toda la organización, evitando inconsistencias que puedan llevar a riesgos laborales.

Shitsuke (Disciplina): Sosteniendo los Cambios

El último paso, Shitsuke, se traduce como "disciplina". Este es el paso que asegura que los cambios implementados a través de las 5S se mantengan con el tiempo. La disciplina implica la adhesión continua a los estándares establecidos y la voluntad de seguir mejorando. En el contexto de la seguridad laboral, Shitsuke es esencial para asegurar que las prácticas seguras se conviertan en una segunda naturaleza para los empleados y que se mantengan a lo largo del tiempo.

En resumen, las 5S son una herramienta poderosa en la prevención de riesgos laborales en Japón y en todo el mundo. Al enfocarse en la clasificación, organización, limpieza, normalización y disciplina, las organizaciones pueden crear entornos de trabajo más seguros y saludables. La aplicación de las 5S no solo mejora la seguridad, sino que también aumenta la eficiencia y la productividad al reducir el tiempo perdido buscando herramientas o lidiando con desorden.

3.2. Hoshin Kanri: Planificación Estratégica para la Prevención de Riesgos Laborales

Hoshin Kanri, una metodología de planificación estratégica originada en Japón se ha convertido en un enfoque esencial para la prevención de riesgos laborales en muchas organizaciones japonesas y en todo el mundo. Su traducción literal es "gestión de la brújula" o "gestión de la dirección". Hoshin Kanri aborda cómo establecer objetivos claros y lograrlos a través de una combinación de planificación meticulosa y ejecución disciplinada. En el contexto de la seguridad laboral, esta metodología desempeña un papel esencial para garantizar que las organizaciones creen un entorno de trabajo seguro y saludable.

El Proceso de Hoshin Kanri

Hoshin Kanri se basa en la idea de que las organizaciones deben definir metas y objetivos claros que estén alineados con su visión a largo plazo y luego desarrollar planes estratégicos para lograrlos. El proceso general de Hoshin Kanri se puede dividir en las siguientes etapas:

1. **Establecimiento de Objetivos a Largo Plazo:** La primera fase implica definir los objetivos a largo plazo de la organización, que en el contexto de la prevención de riesgos laborales, pueden incluir la reducción de accidentes, la mejora de la salud de los empleados o la creación de una cultura de seguridad sólida.

2. **Desarrollo de Estrategias y Planes:** Una vez que se establecen los objetivos, se desarrollan estrategias y planes específicos para lograrlos. Esto puede incluir la identificación de áreas de riesgo, la implementación de procedimientos de seguridad, la capacitación de empleados y otras acciones.

3. **Despliegue de Objetivos:** Los objetivos y planes se comunican a todos los niveles de la organización para asegurar una comprensión clara y un compromiso con la implementación.

4. **Seguimiento y Revisión Continua:** Hoshin Kanri resalta la importancia de un seguimiento constante y una revisión periódica para evaluar el progreso hacia los objetivos y realizar ajustes según sea necesario.

Hoshin Kanri y la Prevención de Riesgos Laborales

Hoshin Kanri se adapta perfectamente a la prevención de riesgos laborales debido a su enfoque en la planificación estratégica y la mejora continua. Aquí se destacan algunas formas en las que Hoshin Kanri contribuye a la seguridad laboral:

1. **Claridad de Objetivos:** Hoshin Kanri ayuda a las organizaciones a establecer objetivos específicos y medibles en el ámbito de la seguridad laboral, lo que proporciona una dirección clara para todas las iniciativas relacionadas con la prevención de riesgos.

2. **Planificación Integral:** A través de la planificación estratégica, Hoshin Kanri aborda la prevención de riesgos laborales desde una perspectiva holística, considerando factores como la cultura organizacional, la capacitación y los procedimientos.

3. **Responsabilidad Compartida:** La metodología promueve la responsabilidad en todos los niveles de la organización, lo que significa que cada empleado comprende su papel en la prevención de riesgos laborales y está comprometido con la causa.

4. **Mejora Continua:** La revisión continua y la adaptación de los planes según los resultados y las lecciones aprendidas son fundamentales en Hoshin Kanri. Esto permite que las organizaciones respondan proactivamente a los riesgos emergentes.

Ejemplo de Aplicación de Hoshin Kanri

Imaginemos una empresa de manufactura que desea reducir el número de accidentes en su planta. Utilizando Hoshin Kanri, la empresa primero establece un objetivo claro de reducir los accidentes en un 30% en el próximo año. Luego, desarrolla un plan estratégico que incluye la implementación de procedimientos de seguridad mejorados, la inversión en equipos de protección personal de alta calidad y la realización de capacitación regular para los empleados. Estos planes se despliegan a todos los niveles de la organización, desde la alta dirección hasta los trabajadores de línea. A lo largo del año, se monitorea constantemente el progreso y se realizan ajustes según sea necesario. Al final del año, la empresa revisa los resultados y encuentra que ha alcanzado su objetivo de reducción del 30% en accidentes, lo que demuestra el éxito de la metodología Hoshin Kanri en la prevención de riesgos laborales.

Conclusión

Hoshin Kanri ofrece un enfoque estructurado y efectivo para abordar la prevención de riesgos laborales desde una perspectiva estratégica y de mejora continua. Al establecer objetivos claros, desarrollar planes sólidos y fomentar la responsabilidad en todos los niveles de la organización, las empresas pueden crear entornos de trabajo más seguros y saludables para sus empleados. Esta metodología no solo ayuda a prevenir accidentes, sino que también promueve una cultura de seguridad que perdura a lo largo del tiempo.

3.3 Hansei: Reflexión y Aprendizaje de los Errores para Mejorar la Seguridad Laboral

En el camino hacia la prevención de riesgos laborales efectiva, la cultura japonesa aporta un valioso concepto: Hansei. Hansei se traduce como "reflexión" o "autocrítica", y es una parte fundamental de la filosofía japonesa de mejora continua. Este enfoque no se limita solo a los éxitos, sino que también abarca la capacidad de aprender de los errores pasados. En el contexto de la seguridad laboral, Hansei juega un papel vital en la identificación y corrección de problemas, contribuyendo así a crear un entorno de trabajo más seguro y saludable.

El Significado de Hansei

El término Hansei se origina en la cultura japonesa y tiene una rica historia en diversas disciplinas, desde la gestión empresarial hasta las artes marciales. En su esencia, Hansei implica una profunda reflexión interna sobre las acciones pasadas y una voluntad de aprender de ellas. No se trata de culparse a uno mismo, sino de reconocer sinceramente los errores y buscar formas de mejorar.

Hansei en la Prevención de Riesgos Laborales

La aplicación de Hansei en el contexto de la seguridad laboral es esencial para cultivar una cultura de mejora continua en una organización. Aquí se destacan algunas formas en las que Hansei contribuye a la seguridad laboral:

1. **Identificación de Riesgos Ocultos:** Hansei promueve la reflexión sobre incidentes previos y situaciones peligrosas para identificar los factores subyacentes que contribuyeron a ellos. Esto permite una comprensión más profunda de los riesgos laborales y su mitigación.

2. **Mejora de Procedimientos:** Reflexionar sobre accidentes o incidentes previos aporta ideas para mejorar los procedimientos de seguridad. Puede llevar a la revisión y actualización de políticas y prácticas para prevenir problemas similares en el futuro.

3. **Cambio Cultural:** Hansei fomenta la idea de que todos los empleados tienen la responsabilidad de identificar y abordar los riesgos laborales. Esto contribuye a una cultura de seguridad en la que la prevención se convierte en una responsabilidad compartida.

El Proceso de Hansei

La aplicación de Hansei en la prevención de riesgos laborales implica un proceso reflexivo estructurado. Aquí se detallan los pasos clave:

1. **Identificación del Incidente o Error:** El proceso comienza con la identificación de un incidente, accidente o error laboral que requiere análisis. Esto podría ser un accidente real o un incidente cercano que podría haber resultado en un accidente.

2. **Análisis Detallado:** Se lleva a cabo un análisis exhaustivo del incidente. Esto implica examinar las circunstancias que lo rodean, las acciones tomadas y las consecuencias. La pregunta central es "¿Qué salió mal y por qué?"

3. **Identificación de Causas Raíz:** Hansei busca comprender las causas raíz del incidente. Esto implica profundizar más allá de las causas inmediatas y descubrir factores subyacentes, como fallas en los procedimientos, problemas de comunicación o deficiencias de capacitación.

4. **Desarrollo de Acciones Correctivas:** Una vez que se identifican las causas raíz, se desarrollan acciones correctivas. Estas acciones están diseñadas para abordar las deficiencias identificadas y prevenir futuros incidentes similares.

5. **Seguimiento y Evaluación:** Finalmente, se realiza un seguimiento y evaluación para garantizar que las acciones correctivas se implementen adecuadamente y que se logre la mejora deseada en la seguridad laboral.

Beneficios de Hansei en la Prevención de Riesgos Laborales

La aplicación efectiva de Hansei en la prevención de riesgos laborales conlleva varios beneficios significativos:

1. **Mejora Continua:** Hansei promueve una cultura de mejora continua en la que los errores se ven como oportunidades para aprender y crecer.

2. **Mayor Conciencia de Riesgos:** Fomenta una mayor conciencia de los riesgos laborales entre los empleados, lo que puede llevar a una identificación temprana y prevención de problemas.

3. **Reducción de Incidentes:** Al aprender de los errores pasados, las organizaciones pueden reducir la ocurrencia de accidentes y lesiones laborales

3.4 Yokoten: Compartir Conocimiento y Mejores Prácticas para Prevenir Riesgos Laborales

En la búsqueda continua de la excelencia en la prevención de riesgos laborales, la cultura japonesa nos brinda otra valiosa herramienta: Yokoten. Este concepto, que significa "difundir" o "compartir", es un pilar esencial de la filosofía japonesa de mejora continua y juega un papel crucial en la creación de entornos de trabajo seguros y saludables.

El Significado de Yokoten

Yokoten es un término que se origina en la cultura japonesa de manufactura, pero su aplicación se extiende a una variedad de campos, incluida la seguridad laboral. En su núcleo, Yokoten se refiere a la práctica de compartir conocimientos, información y mejores prácticas en toda una organización. En el contexto de la prevención de riesgos laborales, Yokoten implica la difusión de experiencias y lecciones aprendidas para prevenir accidentes y crear un entorno de trabajo más seguro.

La Importancia de Yokoten en la Prevención de Riesgos Laborales

La prevención de riesgos laborales es un desafío constante en todas las organizaciones. Yokoten se convierte en una herramienta invaluable para abordar este desafío de manera efectiva. Aquí se destacan algunas formas en las que Yokoten contribuye a la seguridad laboral:

1. **Aprendizaje de Experiencias Pasadas:** Yokoten permite a las organizaciones aprender de los incidentes y accidentes pasados. Al compartir información sobre lo que salió mal y cómo se resolvió, se pueden evitar repeticiones futuras de situaciones peligrosas.

2. **Diseminación de Mejores Prácticas:** Las organizaciones pueden identificar y compartir las mejores prácticas en la prevención de riesgos laborales. Esto incluye procedimientos efectivos, políticas exitosas y soluciones innovadoras que pueden ser aplicadas en otros lugares.

3. **Fomento de la Colaboración:** Yokoten promueve la colaboración entre diferentes departamentos y equipos dentro de una organización. La seguridad laboral se beneficia enormemente cuando las áreas de la empresa comparten conocimientos y trabajan juntas para identificar y abordar los riesgos.

Implementación de Yokoten en la Prevención de Riesgos Laborales

Para implementar Yokoten en la prevención de riesgos laborales de manera efectiva, las organizaciones pueden seguir estos pasos clave:

1. **Captura de Experiencias:** Se debe establecer un sistema para capturar experiencias relacionadas con la seguridad laboral. Esto puede incluir incidentes, accidentes, situaciones de riesgo evitadas y soluciones exitosas implementadas.

2. **Documentación Detallada:** Es esencial documentar de manera detallada cada experiencia, destacando las circunstancias, las acciones tomadas y los resultados. Cuanta más información se registre, más valiosa será para otros.

3. **Difusión y Comunicación:** La información recopilada debe ser compartida en toda la organización. Esto puede hacerse a través de reuniones, informes, bases de datos internas o plataformas de gestión de conocimientos.

4. **Aplicación en Diferentes Contextos:** Las lecciones aprendidas y las mejores prácticas identificadas deben ser aplicadas en diferentes

contextos dentro de la organización. Lo que funcionó en un departamento puede ser beneficioso en otros.

Beneficios de Yokoten en la Prevención de Riesgos Laborales

La implementación exitosa de Yokoten en la prevención de riesgos laborales conlleva varios beneficios significativos:

1. **Mayor Conciencia de Riesgos:** Al compartir experiencias y lecciones aprendidas, se aumenta la conciencia de los riesgos laborales en toda la organización, lo que contribuye a la prevención de accidentes.

2. **Reducción de Incidentes:** La difusión de mejores prácticas y soluciones probadas conduce a una reducción de accidentes y lesiones laborales.

3. **Cultura de Seguridad:** Yokoten fomenta una cultura de seguridad en la que todos los empleados son conscientes de la importancia de la prevención de riesgos laborales.

4. **Eficiencia:** Al aprovechar las experiencias y conocimientos existentes, las organizaciones pueden ahorrar tiempo y recursos en la implementación de soluciones efectivas.

En resumen, Yokoten es una herramienta valiosa para mejorar la seguridad laboral al compartir conocimientos y experiencias en toda la organización. Al hacerlo, se fomenta una cultura de seguridad y se previenen accidentes y lesiones laborales. Este enfoque no solo beneficia a la organización, sino que también protege la salud y el bienestar de sus empleados.

Resumen Capítulo 3: Prácticas y Enfoques de Prevención de Riesgos Laborales en Japón

En el capítulo 3 de "Cultura Japonesa y Prevención de Riesgos Laborales," exploramos en profundidad las prácticas y enfoques específicos que hacen que la prevención de riesgos laborales en Japón sea destacada en todo el mundo.

Comenzamos con un examen detallado de las "5S", un concepto japonés que pone de relieve la organización y la limpieza en el lugar de trabajo (seiri, seiton, seiso, seiketsu, y shitsuke). Descubrimos cómo esta metodología no solo mejora la eficiencia, sino que también reduce los riesgos laborales al eliminar desorden y desorganización.

Luego, nos sumergimos en el "Hoshin Kanri", un enfoque de planificación estratégica que se aplica a la prevención de riesgos laborales. Aprendemos cómo establecer objetivos claros y crear planes de acción efectivos es esencial para garantizar la seguridad en el lugar de trabajo.

Continuamos con el "Hansei", que significa reflexión y aprendizaje de errores. Descubrimos cómo esta práctica japonesa impulsa la mejora continua al examinar a fondo incidentes y errores para evitar repeticiones en el futuro.

Finalmente, exploramos el "Yokoten", centrado en compartir conocimientos y mejores prácticas en la prevención de riesgos laborales en toda la organización.

Este capítulo demuestra cómo la cultura japonesa ha creado una base sólida para la seguridad laboral, utilizando enfoques estratégicos y reflexivos que trascienden las regulaciones y las normas básicas. Las prácticas japonesas nos enseñan que la seguridad laboral es un compromiso constante y una oportunidad para mejorar continuamente, protegiendo la vida y el bienestar de los empleados.

En el siguiente capítulo, aprenderás…

Aplicación de Palabras Japonesas en la Prevención de Riesgos Laborales

En el capítulo 4, nos sumergiremos en la aplicación práctica de las palabras japonesas en la prevención de riesgos laborales. Descubriremos cómo cada concepto que hemos explorado, desde Kaizen hasta Yokoten, puede convertirse en una herramienta poderosa en manos de aquellos comprometidos en la creación de lugares de trabajo seguros y saludables.

A través de ejemplos concretos y estudios de casos inspiradores, veremos cómo empresas en Japón y en todo el mundo han adoptado y adaptado estos conceptos japoneses para mejorar su enfoque en la seguridad laboral. Exploraremos cómo la identificación y evaluación de riesgos se beneficia del enfoque "Kansei", cómo el "Kaizen" se traduce en mejoras constantes de la seguridad y cómo la comunicación efectiva y el liderazgo sólido son esenciales para el concepto "Anzen".

Este capítulo nos llevará más allá de la teoría y nos mostrará cómo convertir estas palabras en acciones concretas que protejan a los trabajadores y mejoren la eficiencia en el lugar de trabajo. Prepárese para inspirarse y descubrir nuevas formas de aplicar la riqueza de la cultura japonesa en la prevención de riesgos laborales.

4
APLICACIÓN DE PALABRAS JAPONESAS EN LA PREVENCIÓN DE RIESGOS LABORALES

La sabiduría de la cultura japonesa ha influido en innumerables aspectos de la vida y el trabajo en todo el mundo. En este viaje de exploración de la prevención de riesgos laborales, hemos estado descubriendo cómo los conceptos japoneses fundamentales pueden enriquecer y fortalecer nuestra comprensión de cómo mantener a salvo a los trabajadores en el entorno laboral. Ahora, nos embarcamos en un nuevo capítulo de este viaje, donde aplicamos estas palabras japonesas concretas en la prevención de riesgos laborales.

Identificación y Evaluación de Riesgos a través del Kansei

El primer concepto que abordaremos en este capítulo es "Kansei". Esta palabra japonesa se relaciona con la percepción sensorial y las emociones humanas. Aplicado a la prevención de riesgos laborales, Kansei nos insta a sintonizar con los trabajadores, no solo desde una perspectiva técnica, sino también desde una emocional. Significa comprender las necesidades, inquietudes y experiencias de los empleados en relación con la seguridad laboral.

Imagina una situación en la que un trabajador siente que su entorno de trabajo es abrumadoramente ruidoso, lo que le causa estrés y ansiedad. Aplicando Kansei, no solo identificamos el riesgo auditivo sino que también reconocemos la importancia de abordar las preocupaciones emocionales del trabajador. Esto podría llevar a la implementación de medidas para reducir el ruido, así como a proporcionar apoyo psicológico para aliviar el estrés.

Mejora Continua de la Seguridad Laboral a través del Kaizen

El segundo concepto clave en este capítulo es el "Kaizen", que hemos explorado en el contexto de la mejora continua en la seguridad laboral. Kaizen es el arte de perfeccionar constantemente los procesos y las prácticas. En este capítulo, profundizaremos en cómo aplicar el Kaizen de manera específica en la prevención de riesgos laborales.

El Kaizen nos enseña a no dar nada por sentado y a buscar siempre formas de hacer las cosas de manera más segura y eficiente. Esto implica la participación activa de todos los miembros de la organización, desde los trabajadores en el campo hasta la alta dirección. La mentalidad del Kaizen impulsa la identificación continua de riesgos laborales, la revisión de procedimientos y la implementación de mejoras prácticas.

La Importancia de la Comunicación y el Liderazgo en Anzen

Otra palabra japonesa que exploraremos es "Anzen", que se traduce como "seguridad" y "prevención de accidentes". La seguridad laboral es fundamental en cualquier entorno de trabajo, y Anzen nos recuerda que es responsabilidad de todos. Sin embargo, la comunicación efectiva y el liderazgo sólido son factores clave para fomentar una cultura de seguridad basada en el concepto de Anzen.

La comunicación efectiva implica compartir información sobre riesgos, incidentes y mejores prácticas en toda la organización. Los líderes desempeñan un papel fundamental al establecer un ejemplo y proporcionar el apoyo necesario para garantizar que la seguridad laboral sea una prioridad en todos los niveles.

Explorando las Palabras Japonesas en la Prevención de Riesgos Laborales

En las páginas que siguen, desglosaremos cada uno de estos conceptos japoneses y examinaremos cómo pueden aplicarse concretamente en la prevención de riesgos laborales. A medida que avanzamos, descubriremos casos de estudio inspiradores, ejemplos prácticos y estrategias efectivas que pueden transformar la forma en que abordamos la seguridad laboral en nuestras organizaciones.

Prepárese para un viaje fascinante a través de la cultura japonesa, donde las palabras se convierten en acciones y las acciones conducen a entornos de trabajo más seguros y saludables. Juntos, aprenderemos cómo Kansei, Kaizen, Anzen y otros conceptos japoneses pueden unirse para crear una cultura de seguridad laboral excepcional que proteja a los trabajadores y eleve la calidad de nuestras operaciones laborales. ¡Bienvenidos a un nuevo capítulo en nuestro viaje hacia la prevención de riesgos laborales de clase mundial!

4.1 Identificación y Evaluación de Riesgos a través del Kansei

En el vasto paisaje de la cultura japonesa, el término "Kansei" tiene una connotación especial. Se refiere a la percepción sensorial y a las emociones humanas, y es una palabra que se utiliza para comprender y abordar las necesidades, deseos y sentimientos de las personas. En el contexto de la prevención de riesgos laborales, Kansei se convierte en una herramienta poderosa para mejorar la seguridad y el bienestar de los trabajadores.

Kansei y la Prevención de Riesgos Laborales

Cuando hablamos de Kansei en la prevención de riesgos laborales, nos referimos a la importancia de no solo considerar los aspectos técnicos y físicos de la seguridad en el trabajo, sino también prestar atención a la experiencia subjetiva de los empleados. Esto significa reconocer las preocupaciones emocionales y psicológicas que pueden surgir en el entorno laboral y abordarlas de manera proactiva.

Imaginemos una situación en la que un empleado se siente constantemente estresado debido a la alta presión de trabajo. Aunque es posible que no exista un riesgo físico inmediato, el estrés crónico puede tener un impacto significativo en la salud mental y física de ese trabajador. Aquí es donde Kansei entra en juego.

Identificación de Riesgos Psicosociales

Kansei nos invita a estar atentos a los riesgos psicosociales en el lugar de trabajo. Estos riesgos pueden incluir el estrés laboral, el acoso, la carga de trabajo excesiva, la falta de control sobre las tareas y muchos otros factores que pueden afectar negativamente la salud y el bienestar de los empleados. A menudo, estos riesgos son difíciles de cuantificar de manera tradicional, ya que están relacionados con las emociones y la percepción individual.

Sin embargo, su impacto no debe subestimarse. El estrés laboral, por ejemplo, puede contribuir a una serie de problemas de salud, como enfermedades cardiovasculares, trastornos mentales y agotamiento. Abordar estos riesgos psicosociales es esencial para garantizar un entorno de trabajo seguro y saludable en su totalidad.

Aplicación de Kansei en la Evaluación de Riesgos Laborales

La aplicación efectiva de Kansei en la prevención de riesgos laborales requiere un enfoque estructurado. Aquí hay algunas formas de hacerlo:

1. **Encuestas y Evaluaciones:** Realizar encuestas periódicas y evaluaciones psicosociales para medir la percepción de los empleados sobre su entorno de trabajo. Esto puede ayudar a identificar áreas problemáticas y áreas que requieren atención.

2. **Entrevistas y Comunicación Abierta:** Fomentar una cultura de comunicación abierta donde los empleados se sientan cómodos compartiendo sus preocupaciones y experiencias. Las entrevistas individuales o los grupos de discusión pueden ser útiles para comprender mejor las necesidades de los trabajadores.

3. **Observación del Comportamiento:** Observar el comportamiento de los empleados en el trabajo puede proporcionar pistas sobre el estrés o la insatisfacción. Esto puede incluir signos de fatiga, agitación o desmotivación.

4. **Capacitación en Salud Mental:** Ofrecer capacitación en salud mental y resiliencia para ayudar a los empleados a lidiar con el estrés y las tensiones laborales. Esto puede incluir la promoción de estrategias de afrontamiento saludables.

Beneficios de Aplicar Kansei en la Prevención de Riesgos Laborales

La implementación exitosa de Kansei en la prevención de riesgos laborales conlleva una serie de beneficios significativos:

1. **Mejora la Salud Mental:** Abordar los riesgos psicosociales puede mejorar la salud mental de los empleados y reducir el riesgo de trastornos relacionados con el trabajo.

2. **Fomenta un Ambiente de Trabajo Positivo:** Al prestar atención a las preocupaciones emocionales de los empleados, se promueve un ambiente de trabajo más positivo y colaborativo.

3. **Aumenta la Retención de Empleados:** Los trabajadores que se sienten escuchados y respaldados son más propensos a quedarse en la organización, lo que reduce la rotación de personal.

4. **Mejora la Productividad:** Los empleados que se sienten bien en su trabajo tienden a ser más productivos y comprometidos.

En resumen, Kansei nos recuerda que la prevención de riesgos laborales va más allá de las medidas físicas y técnicas; implica cuidar las emociones y las percepciones de los trabajadores. Al hacerlo, no solo creamos un entorno de trabajo más seguro, sino también más saludable y satisfactorio para todos.

4.2 Mejora Continua de la Seguridad Laboral a través del Kaizen

En la búsqueda constante de la excelencia en la prevención de riesgos laborales, la cultura japonesa nos brinda una poderosa filosofía: el Kaizen. Esta palabra, que significa "mejora continua", ha sido fundamental en el éxito de las empresas japonesas y se ha extendido por todo el mundo como un enfoque efectivo para abordar los desafíos en el lugar de trabajo, incluida la seguridad laboral.

El Significado Profundo del Kaizen

El Kaizen va más allá de simplemente hacer mejoras ocasionales o implementar cambios drásticos en los procesos de trabajo. Se trata de fomentar una cultura de mejora constante, donde cada empleado busca oportunidades para hacer las cosas de manera más segura, eficiente y efectiva todos los días. Esta filosofía impulsa a las organizaciones a cuestionar el statu quo y a no dar nada por sentado.

Aplicando el Kaizen en la Prevención de Riesgos Laborales

En el contexto de la prevención de riesgos laborales, el Kaizen es esencial para identificar, abordar y eliminar peligros de manera continua. Aquí se destacan algunas formas en las que el Kaizen se aplica con éxito:

1. **Participación Activa:** En una cultura de Kaizen, todos los miembros de la organización, desde la alta dirección hasta los trabajadores de base, están comprometidos en la identificación de riesgos y la búsqueda de soluciones. La participación activa es clave para la seguridad laboral.

2. **Evaluación Constante:** Se fomenta la evaluación constante de procesos y procedimientos para identificar oportunidades de mejora. Esto incluye la revisión regular de políticas de seguridad, evaluaciones de riesgos y procedimientos operativos estándar.

3. **Soluciones Prácticas:** El Kaizen se centra en la implementación de soluciones prácticas y asequibles. No se trata de realizar cambios costosos, sino de buscar mejoras que se puedan aplicar de inmediato.

4. **Cultura de Comunicación Abierta:** El Kaizen promueve una cultura de comunicación abierta donde los empleados se sienten cómodos al informar sobre problemas de seguridad o sugerir mejoras. La retroalimentación constante es esencial.

Beneficios del Kaizen en la Seguridad Laboral

La aplicación efectiva del Kaizen en la prevención de riesgos laborales conlleva una serie de beneficios significativos:

1. **Reducción de Accidentes:** Al identificar y abordar constantemente los riesgos laborales, se reduce la probabilidad de accidentes y lesiones en el lugar de trabajo.

2. **Cultura de Seguridad:** El Kaizen fomenta una cultura de seguridad en la que la prevención de riesgos laborales se convierte en una prioridad compartida por todos los empleados.

3. **Eficiencia:** La mejora continua conduce a procesos laborales más eficientes y efectivos, lo que a menudo se traduce en un ahorro de tiempo y recursos.

4. **Compromiso de los Empleados:** Los empleados que sienten que sus preocupaciones sobre la seguridad son escuchadas y abordadas tienden a estar más comprometidos con su trabajo y su organización.

Cómo Implementar el Kaizen en la Prevención de Riesgos Laborales

Para implementar el Kaizen con éxito en la prevención de riesgos laborales, se pueden seguir estos pasos clave:

1. **Formación y Concienciación:** Educar a los empleados en la filosofía del Kaizen y la importancia de la mejora continua en la seguridad laboral.

2. **Establecer un Sistema de Retroalimentación:** Crear un sistema donde los empleados puedan informar sobre riesgos y sugerir mejoras de manera regular.

3. **Promover la Participación:** Fomentar la participación activa de todos los niveles de la organización en la identificación y solución de problemas de seguridad.

4. **Realizar Auditorías de Seguridad:** Realizar auditorías regulares de seguridad para evaluar el estado actual de las prácticas de seguridad y buscar oportunidades de mejora.

5. **Reconocer y Celebrar el Éxito:** Reconocer y recompensar las contribuciones de los empleados a la mejora de la seguridad laboral.

En resumen, el Kaizen es una filosofía poderosa que impulsa la mejora continua en la seguridad laboral. Al fomentar una cultura de participación activa y constante evaluación, las organizaciones pueden reducir los riesgos laborales, proteger a sus empleados y aumentar la eficiencia en el lugar de trabajo. Este enfoque no solo salva vidas, sino que también impulsa el éxito empresarial a largo plazo.

4.3 La Importancia de la Comunicación y el Liderazgo en Anzen

En nuestro viaje a través de la riqueza de la cultura japonesa aplicada a la prevención de riesgos laborales, hemos explorado conceptos como Kansei y Kaizen, que enfatizan la percepción y la mejora continua. Ahora, nos sumergiremos en "Anzen", una palabra japonesa que se traduce como "seguridad" y "prevención de accidentes". Pero ¿cómo se aplica Anzen en el entorno laboral y por qué es tan importante?

Anzen y la Prevención de Riesgos Laborales

Anzen es una palabra que va más allá de los protocolos y las políticas de seguridad laboral. Es un recordatorio constante de que la seguridad es una prioridad fundamental en cualquier lugar de trabajo. Implica crear un entorno donde los trabajadores puedan realizar sus tareas sin temor a lesiones o incidentes, promoviendo así su bienestar y su compromiso con el trabajo.

La Comunicación Efectiva como Pilar de Anzen

La comunicación efectiva es un componente clave de Anzen. Para que la seguridad sea una prioridad, es esencial que los empleados se sientan escuchados y que puedan expresar sus preocupaciones sobre la seguridad laboral. Esto va más allá de simplemente cumplir con las regulaciones; se trata de crear una cultura en la que todos tengan un papel activo en la protección de sí mismos y de sus compañeros de trabajo.

Liderazgo Sólido y Compromiso con Anzen

El liderazgo desempeña un papel fundamental en la promoción de Anzen. Los líderes de la organización deben establecer un ejemplo de compromiso con la seguridad. Esto implica no solo seguir las reglas y los procedimientos de seguridad, sino también fomentar una cultura en la que los empleados se sientan alentados a informar sobre incidentes o riesgos potenciales sin temor a represalias.

El liderazgo efectivo también implica la asignación de recursos adecuados para la seguridad laboral, la planificación estratégica en este sentido y la toma de decisiones informadas sobre medidas de prevención de riesgos. Los líderes deben estar dispuestos a invertir en la seguridad y a demostrar que es una prioridad.

Beneficios de Anzen en el Lugar de Trabajo

La promoción de una cultura de Anzen en el lugar de trabajo conlleva una serie de beneficios significativos:

1. **Reducción de Accidentes:** Al enfocarse en la seguridad y prevenir riesgos, las organizaciones pueden reducir la incidencia de accidentes y lesiones laborales.

2. **Mejora de la Moral:** Los empleados que se sienten seguros y respaldados tienden a tener una moral más alta y un mayor compromiso con su trabajo.

3. **Aumento de la Productividad:** La seguridad en el trabajo contribuye a un ambiente de trabajo más eficiente y productivo, ya que los empleados pueden concentrarse en sus tareas en lugar de preocuparse por los riesgos.

4. **Reputación y Responsabilidad Social:** Las empresas que priorizan la seguridad laboral tienden a tener una mejor reputación y cumplen con su responsabilidad social corporativa.

Cómo Promover Anzen en el Lugar de Trabajo

Promover Anzen no es simplemente cumplir con regulaciones y requisitos legales; es una filosofía que debe ser adoptada y vivida en toda la organización. Aquí hay algunas estrategias para fomentar Anzen:

1. **Capacitación en Seguridad:** Proporcionar capacitación regular en seguridad laboral para todos los empleados.

2. **Comunicación Abierta:** Establecer canales de comunicación abierta para que los empleados informen sobre incidentes o preocupaciones de seguridad.

3. **Compromiso de la Alta Dirección:** La alta dirección debe liderar con el ejemplo y comprometerse con la seguridad en todas las decisiones y acciones.

4. **Auditorías y Evaluaciones de Seguridad:** Realizar auditorías regulares de seguridad para identificar riesgos y áreas de mejora.

5. **Reconocimiento y Recompensas:** Reconocer y recompensar a los empleados y equipos que contribuyan de manera excepcional a la seguridad laboral.

En resumen, Anzen es más que una palabra japonesa; es un compromiso con la seguridad laboral que impregna la cultura de una organización. A través de la comunicación efectiva y el liderazgo sólido, Anzen se convierte en una realidad en el lugar de trabajo, protegiendo a los empleados y contribuyendo al éxito sostenible de la organización.

Resumen capítulo 4: Aplicación de Palabras Japonesas en la Prevención de Riesgos Laborales

El capítulo 4 de "Cultura Japonesa y Prevención de Riesgos Laborales" nos sumerge en la aplicación práctica de las palabras japonesas en la prevención de riesgos laborales. Aquí, pasamos de la teoría a la acción, explorando cómo los conceptos clave, como Kaizen, Gemba, y otros, se convierten en herramientas efectivas para crear entornos de trabajo seguros y saludables.

A través de una serie de ejemplos ilustrativos y casos de estudio inspiradores, descubrimos cómo empresas en todo el mundo han adoptado y adaptado estos conceptos japoneses para mejorar su enfoque en la seguridad laboral. Desde la identificación y evaluación de riesgos mediante el enfoque "Kansei" hasta la implementación de mejoras constantes en seguridad con "Kaizen", este capítulo ofrece una visión práctica y accionable.

Además, exploramos cómo la comunicación efectiva y un liderazgo sólido son esenciales para el concepto "Anzen", que significa seguridad. A medida que avanzamos a través de este capítulo, se revela cómo estas palabras japonesas se convierten en catalizadores para transformar las prácticas laborales y proteger la vida de los trabajadores.

En resumen, el capítulo 4 nos guía a través de ejemplos concretos de cómo las palabras japonesas se traducen en acciones concretas en el ámbito de la prevención de riesgos laborales. Prepárese para inspirarse y descubrir nuevas formas de aplicar la riqueza de la cultura japonesa en la búsqueda de lugares de trabajo más seguros y eficientes.

En el siguiente capítulo, aprenderás…

Adelanto del Capítulo 5: Conclusiones y Recomendaciones

En el capítulo 5, llegamos al emocionante desenlace de nuestro viaje a través de la cultura japonesa y su impacto en la prevención de riesgos laborales. Aquí, resumiremos los conceptos clave que hemos explorado a lo largo del libro y ofreceremos recomendaciones valiosas para llevar adelante estos principios en su organización. Recapitularemos cómo palabras japonesas como Kaizen, Gemba, Anzen, y muchas otras, se han convertido en pilares fundamentales para crear entornos de trabajo más seguros y eficientes. Veremos cómo la cultura japonesa nos ha enseñado que la seguridad laboral es una filosofía arraigada en la mejora continua y el respeto por la vida de cada empleado. Luego, proporcionaremos recomendaciones prácticas sobre cómo integrar estos conceptos en su organización, fomentar una cultura de seguridad y comprometer a todos los miembros de su equipo en este esfuerzo constante por proteger la vida de los trabajadores. Este capítulo final resume la esencia de nuestra exploración y ofrece una visión clara de cómo puede aplicar la riqueza de la cultura japonesa en la prevención de riesgos laborales. ¡Prepárese para descubrir cómo la seguridad laboral puede transformarse a través de estos enfoques japoneses y las mejores prácticas internacionales!

5
CONCLUSIONES Y RECOMENDACIONES

Hemos viajado por el fascinante mundo de la cultura japonesa y su profunda influencia en la prevención de riesgos laborales. Desde los conceptos de Kaizen y Gemba hasta Anzen y Yokoten, hemos explorado cómo estas palabras japonesas han transformado la forma en que abordamos la seguridad en el lugar de trabajo. Ahora, es el momento de resumir los conceptos clave y ofrecer recomendaciones valiosas para combinar estos enfoques japoneses con las mejores prácticas internacionales en materia de seguridad laboral.

Resumen de Conceptos Clave

En este libro, hemos explorado una serie de conceptos fundamentales de la cultura japonesa que tienen una aplicación directa en la prevención de riesgos laborales:

- **Kaizen:** La mejora continua como un enfoque fundamental para identificar y abordar riesgos laborales de manera constante.

- **Gemba:** La importancia de la observación directa en el lugar de trabajo para comprender plenamente las operaciones diarias y los riesgos asociados.

- **Muda:** La eliminación de actividades innecesarias y riesgos laborales asociados en los procesos de trabajo.

- **Poka-yoke:** La implementación de medidas de error-proofing para prevenir accidentes y errores.

- **Anzen:** El enfoque en la seguridad y la prevención de accidentes como una prioridad en el lugar de trabajo.

- **Yoyaku:** La reserva de equipos y recursos para garantizar la seguridad en la ejecución del trabajo.

- **Seiri:** La ordenación y clasificación para evitar riesgos asociados a la falta de organización.

- **Gemba-teki:** El enfoque en el lugar de trabajo y la prevención de riesgos in situ.

- **Heijunka:** El equilibrio en la carga de trabajo para evitar lesiones y fatiga laboral.

- **Kanban:** El sistema de señalización para mantener el control y prevenir riesgos.

- **Rentai-kaizen:** La mejora continua a través de la participación y colaboración de todos los miembros del equipo.

- **Yokoten:** Compartir conocimientos y mejores prácticas en la prevención de riesgos laborales.

- **5S:** La importancia de la organización y limpieza en la seguridad laboral.

- **Hoshin Kanri:** La planificación estratégica para la prevención de riesgos laborales.

- **Hansei:** La reflexión y el aprendizaje de los errores para mejorar la seguridad laboral.

Recomendaciones para Aplicar los Conocimientos de la Cultura Japonesa en la Prevención de Riesgos Laborales

Ahora, veamos algunas recomendaciones prácticas para aplicar estos conceptos japoneses en el entorno laboral:

1. **Integración de Kaizen:** Fomente una cultura de mejora continua en seguridad laboral. Anime a los empleados a identificar y abordar constantemente los riesgos, y proporcione los recursos necesarios para implementar soluciones efectivas.

2. **Gemba en Acción:** Promueva la observación directa en el lugar de trabajo. Lleve a cabo auditorías de seguridad regulares que involucren a los empleados en la identificación de riesgos y oportunidades de mejora.

3. **Eliminación de Muda:** Identifique y elimine actividades innecesarias que puedan aumentar el riesgo de accidentes. Aplique los principios de los "7 tipos de muda" para identificar áreas de mejora.

4. **Poka-yoke en la Práctica:** Implemente medidas de error-proofing, como dispositivos y procesos, para prevenir accidentes y errores. Capacite a los empleados en la identificación y uso de estas medidas.

5. **Cultura de Anzen:** Haga que la seguridad y la prevención de accidentes sean una prioridad en su organización. Establezca canales de comunicación abierta para que los empleados informen sobre preocupaciones de seguridad.

6. **Yoyaku Estratégico:** Utilice el concepto de yoyaku para planificar y garantizar la disponibilidad de equipos y recursos necesarios para realizar el trabajo de manera segura. Evite la improvisación y el riesgo.

7. **Seiri Organizado:** Implemente un sistema de seiri efectivo para organizar y clasificar elementos en el lugar de trabajo. Esto reducirá los riesgos asociados con la falta de organización.

8. **Gemba-teki en Acción:** Fomente la mentalidad gemba-teki en la prevención de riesgos laborales. Identifique y maneje los riesgos presentes en el lugar de trabajo de manera efectiva.

9. **Heijunka Equilibrado:** Utilice el heijunka para promover un equilibrio eficiente y seguro en la carga de trabajo. Evite la sobrecarga laboral y la fatiga.

10. **Kanban para Control:** Implemente un sistema de kanban para mantener el control y prevenir riesgos laborales. Use la señalización para la detección de riesgos y situaciones de emergencia.

11. **Rentai-kaizen Participativo:** Fomente la participación activa de todos los miembros del equipo en la identificación y solución de problemas de seguridad. Realice actividades y técnicas de rentai-kaizen de manera regular.

12. **Yokoten de Conocimiento:** Implemente un sistema de yokoten para fomentar el intercambio de experiencias y mejores prácticas en la seguridad laboral en toda la organización.

Reflexiones Finales

Al combinar estos enfoques japoneses con las mejores prácticas internacionales en seguridad laboral, su organización puede lograr un nivel de seguridad excepcional. La cultura japonesa nos recuerda que la seguridad es una responsabilidad compartida y que la mejora continua es fundamental para proteger a los empleados y optimizar la eficiencia en el lugar de trabajo. Al adoptar estos conceptos y recomendaciones, su empresa puede transformar su enfoque de la seguridad laboral y brindar un entorno de trabajo más seguro, saludable y productivo para todos. La cultura japonesa nos enseña que la seguridad es un viaje sin fin hacia la excelencia, y es un viaje que vale la pena emprender.

6
EPÍLOGO O CONCLUSIÓN

En el cierre de este libro, quiero expresar mi sincero agradecimiento por acompañarme en este viaje a través de la cultura japonesa y su influencia en la prevención de riesgos laborales. Hemos explorado conceptos profundos y valiosos que pueden transformar la forma en que abordamos la seguridad en el lugar de trabajo.

La cultura japonesa nos ha enseñado que la seguridad laboral va más allá de las reglas y regulaciones; es una filosofía de mejora continua, compromiso y respeto por la vida de cada trabajador. Al incorporar palabras como Kaizen, Gemba, Anzen y muchas otras, hemos desentrañado un enfoque holístico y efectivo para garantizar que cada empleado regrese a casa sano y salvo todos los días.

Espero que este libro le haya proporcionado una comprensión más profunda de cómo la cultura japonesa puede enriquecer nuestras prácticas de seguridad laboral. Pero recuerde que el conocimiento solo es valioso cuando se pone en acción. Le animo a aplicar estos conceptos en su organización, a fomentar una cultura de seguridad y a comprometerse con la mejora continua.

En última instancia, la seguridad laboral es un compromiso compartido por todos, desde la alta dirección hasta los trabajadores de base. Trabajemos juntos para crear lugares de trabajo seguros y saludables donde cada empleado pueda prosperar y contribuir al éxito de la organización.

Gracias nuevamente por su interés y dedicación a la seguridad laboral. Les deseo a usted y a su organización un futuro lleno de prosperidad, salud y seguridad.

7

BIBLIOGRAFÍA

1. **Libro sobre Cultura Japonesa**

Autor: Varley, H. P. (Año de publicación: 2000) Título: Japanese Culture (2nd ed.). Editorial: University of Hawaii Press.

Cita en formato APA: Varley, H. P. (2000). Japanese Culture (2nd ed.). University of Hawaii Press.

2. **Libro sobre Cultura Japonesa**

Autor: Nishiyama, M. (Año de publicación: 2015) Título: Understanding Japanese Society (4th ed.). Editorial: Routledge.

Cita en formato APA: Nishiyama, M. (2015). Understanding Japanese Society (4th ed.). Routledge.

3. **Libro sobre Cultura Japonesa**

Autor: Schodt, F. L. (Año de publicación: 2019) Título: My Heart Sutra: A World in 260 Characters. Editorial: Stone Bridge Press.

Cita en formato APA: Schodt, F. L. (2019). My Heart Sutra: A World in 260 Characters. Stone Bridge Press

4. **The Toyota Way" de Jeffrey Liker**

Autor: Liker, J. K. (Año de publicación: 2004) Título: The Toyota Way: 14 Management Principles from the World's Greatest Manufacturer. Editorial: McGraw-Hill.

Cita en formato APA: Liker, J. K. (2004). The Toyota Way: 14 Management Principles from the World's Greatest Manufacturer. McGraw-Hill.

5. **Lean Safety: Transforming your Safety Culture with Lean Management" de Robert Hafey**

Autor: Hafey, R. (Año de publicación: 2014) Título: Lean Safety: Transforming your Safety Culture with Lean Management. Editorial: CRC Press.

Cita en formato APA: Hafey, R. (2014). Lean Safety: Transforming your Safety Culture with Lean Management. CRC Press.

6. **SHIAWASE-DÔ LOS 15 PRINCIPIOS JAPONESES HACIA UNA VIDA PLENA Y FELIZ**
   - Autor: Ken Mogi
   - Año de publicación: 2020
   - Editorial: Editorial Planeta

Cita en formato APA:

Mogi, K. (2020). Shiawase-dô: Los 15 Principios Japoneses hacia una Vida Plena y Feliz. Editorial Planeta.

7. **Gemba Kaizen: A Commonsense, Low-Cost Approach to Management**
   - Autor: Masaaki Imai
   - Año de publicación: 1997
   - Editorial: McGraw-Hill Education

Cita en formato APA:

Imai, M. (1997). Gemba Kaizen: A Commonsense, Low-Cost Approach to Management. McGraw-Hill Education.

8. **Hoshin Kanri for the Lean Enterprise: Developing Competitive Capabilities and Managing Profit,**
   - Autor: Thomas L. Jackson
   - Año de publicación: 2006
   - Editorial: Productivity Press

Cita en formato APA:

Jackson, T. L. (2006). Hoshin Kanri for the Lean Enterprise: Developing Competitive Capabilities and Managing Profit. Productivity Press.

ACERCA DEL AUTOR

Como experto en cultura japonesa, el autor de "Cultura Japonesa y Prevención de Riesgos Laborales" es un individuo altamente dedicado a la investigación y la promoción de prácticas laborales seguras y eficientes, influenciadas por la rica tradición japonesa. Su profundo conocimiento y experiencia en estos campos le han permitido crear una obra valiosa que combina la sabiduría de la cultura japonesa con las mejores prácticas en prevención de riesgos laborales.

El autor ha pasado años inmerso en el estudio de la cultura japonesa, explorando su historia, valores y principios fundamentales. Esta pasión lo llevó a comprender cómo los conceptos japoneses pueden aplicarse de manera efectiva en el entorno laboral moderno para promover la seguridad, la eficiencia y la mejora continua.

Además de su dedicación a la cultura japonesa, el autor ha acumulado una vasta experiencia en el campo de la prevención de riesgos laborales. Ha trabajado con diversas organizaciones y expertos en seguridad para comprender los desafíos y las oportunidades que enfrentan las empresas en este aspecto crítico de la gestión empresarial.

El autor se enorgullece de compartir sus conocimientos y perspectivas a través de este libro, con la esperanza de que pueda inspirar a otros a adoptar enfoques japoneses en la prevención de riesgos laborales y crear lugares de trabajo más seguros y saludables.

Su compromiso con la seguridad laboral y su profundo respeto por la cultura japonesa se reflejan claramente en las páginas de esta obra, y su experiencia y sabiduría aportan un valor significativo a la comprensión y la implementación de estos principios en el entorno empresarial actual. Con este libro, el autor se esfuerza por ser una guía confiable para aquellos que buscan transformar sus organizaciones y mejorar la seguridad de sus trabajadores.

74